Heibonsha Library

里の国の中世

平凡社ライブラリー

Heibonsha Library

里の国の中世

常陸・北下総の歴史世界

網野善彦

平凡社

本書は、茨城県史編集委員会監修『茨城県史 中世編』(一九八六年三月)の網野善彦執筆分を編成しなおしたものである。

目次

第一章　平安時代末期の常陸・北下総……9

第二章　鎌倉時代の常陸・北下総……111

カバー図版＝『男衾三郎絵詞』（東京国立博物館所蔵）より
Image：TNM Image Archives
Source：http://TnmArchives.jp/

第一章　平安時代末期の常陸・北下総

一　十世紀の社会変動と国制改革

東アジアの激動と常陸・北下総

十世紀、日本列島の社会とそれをとりまく世界は大きな転換期を迎えていた。長期にわたってアジア大陸に君臨し、周辺の諸民族の社会に強大な圧力を加え続けていた唐帝国が、九〇七年に滅びたことは、甚大な影響を周囲におよぼした。九六〇年、新たに宋が成立するまで、中国大陸は戦乱状態に入り、いわゆる五代の争乱が続いたが、それまで唐に対する緊張関係の中に身を置きつつ、一面ではその権威を背景に自らの支配領域を統治してきた中国大陸周辺の諸国家にとって、唐の圧力の減退それ自体が統治力の弛緩を招き、支配下の諸地域の独自な動きを呼びおこすこととなった。この世紀の初頭まで、しばしば日本列島に使を送り、畿内の朝廷と交渉を続けてきた渤海が、九二六年、契丹（遼）に滅ぼされ、九一八年、高麗が建国し、十数年にわたる新羅、後百済との戦いを通じて、九三六年、朝鮮半島を統一したのは、そうした動揺の結果にほかならない。日本列島も例外ではなかった。動乱の波動は、その各地域の社会におよんだ。律令国家はその中で重大な国制の転換を迫られるに到ったのである。東国の常陸・北下総にも、激動の波はさまざまな形で打ち寄せていた。

律令国家が大軍を投入して推進してきた東北に対する戦争はすでに九世紀初頭に終息し、この国家の東国に対する圧力が次第に緩むとともに、この地域の独自な動きは急速に活発化しつつあった。現在の北海道の地域の社会は長く続いた続縄文時代をのりこえ、東部の海岸地帯に北アジア的な個性の強い海獣狩猟、漁撈を生業とし、その遺跡から宋銭の出土するオホーツク文化の担い手たちが出現する一方、紡錘車、鉄製品を使い、鮭、鱒の漁撈に生活の基礎を置き、農耕をも行ったと見られる擦文文化が大河川の流域を中心に拡がり、東北北部にもその影響をおよぼすほどになってきた。この動きは東北アジアの社会変動と、無関係ではあるまい。また元慶二年（八七八）、律令国家と戦った東北西北部の人々―出羽の「俘囚」たちが、秋田河以北の地域の自立を要求した背景にも、こうした北方世界の新たな動きを考慮に入れる必要があろう。

一方、九世紀の東北地域の社会では、稲作に畑作を加えた農耕を基盤に、馬の飼育が広く行われていた。奥羽の特産となったこの馬を、東北の人々は律令国家の貴族、国司、富豪などと交易し、綿や鉄を得てその力を強めていた。この時期の東北の人々は、すでに律令国家に一応帰服していたが、のちに「奥六郡」といわれた東北地方北部も、出羽の秋田河以北と同様、陸奥の中で、北方からの動きと律令国家の南方からの圧力とが多少とも交錯する自立した地域をなしていた。これを背景として、郡司などの地位を得た東北の首長たちは、なお雌伏しつつ、次第に充実の度を加える社会を基盤にして、十世紀にかけて独自な動きを強め始めていたのである。

常陸はこうした東北に対する律令国家の戦争、さらに開発、「植民」の最前線であり、とくに東北南部とは相互のさまざまな交通を通じて切り離し難い関係を結んでいた。常陸国と陸奥国とに、行方、石川など、共通する地名のあることも、開発、「植民」の跡を示しているのかもしれないが、鹿島社の末社三十八社が陸奥の諸郡に分布しているのは、そのよい証明である。

九世紀、東北の人々は「俘囚」として諸国に移配され、律令国家はその武勇を利用して治安維持にこれを充てているが、常陸の俘囚料（俘囚に与えられた料稲）は十万束に達し、肥後、近江につぎ、下野と並んで全国の三位で、常陸は東北人の移住の最も多い国の一つであった。実際、九世紀のはじめ、すでに二十年も常陸に住み、公民となることを認められた「俘囚」吉弥侯部小槻麻呂がおり（『類聚国史』弘仁十三年九月癸丑条）、吉田社の禰宜には吉美侯氏がなっている。このような交流の中で、常陸と陸奥の境は中世に入ってからも流動しており、のちに奥郡といわれた常陸北部と陸奥との関係はとくに密接であった。

東北からの影響はこの交流を通じて常陸におよんでくる。承平・天慶の乱をおこした平将門の実力の基礎には、常陸、下総の牧で飼育された馬と、東国独自な形態の炉による製鉄があったが（福田豊彦『平将門の乱』）、ここにも東北方面からの影響を考える余地がある（東京工業大学製鉄史研究会『古代日本の鉄と社会』）。「今の世の人は必ず撃ち勝てるを以て君となす」と高言した新皇将門が、そのよりどころを東北アジアの渤海を滅ぼした契丹王の事績に求めたといわれるのも、偶然ではあるまい。東北アジアの激動は、このような形でその波動を常陸にまでおよぼしていたのである。

一方、常陸の南部から北下総にかけては、霞ケ浦、北浦、衣川、手賀沼などの形づくる河海の世界が拡がっており、それを通して常陸・北下総は南関東、さらには西日本の広い世界と結びついていた。鉾田、石岡、玉里、小川、玉造、鹿島などの霞ケ浦、北浦縁辺部を中心に、北は那珂郡、水戸市、笠間市、南は北相馬郡守谷、西は下館市まで、広く灰釉の壺、瓶などが出土している。白瓷《しらし》といわれ、九世紀まで遡るこれらの壺、瓶の多くは、遠く尾張の猿投窯で焼かれ、この地域まで運ばれてきた（『世界陶磁全集』2）。重量のあるこれらの焼物が、海、湖川を通り、船で運ばれてきたことは確実で、この事実は東海道の海の道がかなり安定した航路になっていたこと、霞ケ浦、北浦が活発な水上交通路であったことを物語っている。西日本の社会変動の影響は、律令国家の公私さまざまなルートだけでなく、海の道をも通じて常陸・北下総におよんでいたのである。北から南から、陸から海から、打ち寄せてくるさまざまな波動の中で、この地域は中世の曙を迎えようとしていた。

延喜の国制改革

東アジアの動乱の影響を正面《まとも》に受けたのは西日本で、九世紀後半から新羅の海賊の来襲、これに呼応する西北九州などの豪族の動きや、瀬戸内海の海賊の蜂起などの動揺が続いている。一方、東国でも「俘囚」の乱が下総、上総にも頻々とおこり、寛平元年（八八九）に蜂起した物部氏永の乱は、「僦馬《しゅうば》の党」の動きを経て、延喜元年（九〇一）の大規模な「群盗」の蜂起、「東国乱」にまで発展した。九世紀末から十世紀初頭にかけて、畿内の朝廷は列島の外の動乱が内乱に転化することを警戒し、積極的な「孤立主義」の姿勢をとりつつ、国司に大きな権限を与えて各地域の動揺を克服しようと計った。この延喜の国制改革の中で、最も重要な施策の一つは軍制改革であり、政府は国衙の発兵に対する統制を緩め、国司に大幅な軍事動員権を与えるとともに、軍勢を催促し、勲功賞を推挙する権限を持つ軍事機関として、押領使を国ごとに置き、「凶党」の追捕にあたらせた（下向井龍彦「王朝国家国衙軍制の構造と展開」『史学研究』一五二号・「押領使・追捕使の諸類型」『ヒストリア』九四号）。東国においてはこうした強力な権限を与えられた国司、押領使が「群盗」「凶党」の追捕や相互の私闘を通じて、国内に「与力ノ人々」や「伴類」（『将門記』）などを組織し、「兵《つわもの》」「武勇の輩」に成長していった。九世紀の末に上総介として東国に下り、平姓を与えられた高望王の子孫、常陸大掾平国香、下総介平良兼をはじめ、将門に討たれた常陸大掾源護、将門を討った下野国押領使藤原秀郷、常陸大掾平貞盛などはこうした人々であり、将門の乱はこれらの人々が歴史の舞台へ本格的に登場する決定的な契機となった。

また延喜の国制改革の他の重要な施策は、国守に国内の検田権を与え、政府への所定の貢納物を請け負わせることとした点にあった。班田はもはや行われず、国守は作りかえられることのなくなった基準国図に載せられた田地＝公田に基づいて、租庸調、正税などの官物、臨時雑役を徴収することになったのであり、『倭名類聚抄』に記載された常陸の公田は四万九十二町六反百十二歩という厖大な数に達している。

こうした公田を国守は国内の富豪、あるいは土着した前国司などに請け負わせた。西国でこの前後、郡、郷とは別個に広く現われてくる名は、このような徴税単位であるが（坂本賞三『日本王朝国家体制論』）、常陸、下総について見ると、公田を請け負ったのはまさしくさきにあげた「兵」「武勇の輩」たちだったのである。『将門記』によると、平国香や将門、源護などの「兵」たちの館は、「野本、石田、大串、取木等の宅」のように「宅」といわれるとともに、「水守《みもり》の営所」「石井《いわい》の営所」に見られる通り「営所」とも、また「石井の宿」、「服織《はとり》の宿」、「鎌輪の宿」のように「宿」ともよばれていた。そこは豪族とその召し使う男女の住む広壮な屋敷＝宅《いえ》であるとともに、「与力の人々」などが宿衛、常住し、兵具を置く施設や馬の調練をする馬場を備えた「兵」の城塞として、軍事的拠点でもあった。当然それは自然の要害の地に設けられたが、一方、出入の「門」を持ち、いくつかの建物の立ち並ぶ「営所」「宿」の中には、多量な出挙稲を収納する倉庫もあったものと思われる。豪族たちはこの出挙稲を未進した農民を直営地の労働力として駆使するとともに、収納した稲を定められた品物—常陸の場合は主として絹、下総では白布、絹などと交易した上で、国司にそれを官物として納めたのである。

この意味で「宅」＝「営所」＝「宿」は、豪族の農業経営、官物請負の拠点であり、河川交通などとも結びついた交易上の基地でもあった（石井進『中世武士団』）。とくに常陸南部、北下総は「水郷」的な性格が色濃く、『将門記』にも下大方郷堀越の渡、幸嶋《さしま》郡葦津の江、相馬郡大井の津のような「渡」「津」「江」が現われ、船が活発に動いていることからも知られるように、「宅」「宿」と湖川の交通とは密着していた。常陸には現在まで、人家が集中し、かつて城郭と関係があったと見られる地に「宿」の地名が広く残っているが、その源流はここまで遡ることができる。

このように延喜の改革で、政府は国司に軍事的権限、検田権、徴税権などの強力な権限を与え、任国を請け負わせただけでなく、その国内でも「兵」といわれた武将や大小の富豪の実力を認め、公田を請け負わせる体制を軌道にのせ、国制を大きく転換させた。それは天皇、貴族の構成する朝廷の基盤を専ら畿内とその周辺に置き、各地域の独自性を認める反面、国司等の人事権を天皇、摂関家が掌握し、七道諸国をその統制下に置く体制であったが、この転換の過程で、徴税請負人と化した国守と現地の郡司、富豪との矛盾、対立が各地で激化した。縄文時代以来、西日本と異なる体質を持つ東日本＝東国では、さきの頻々たる争乱にも見られるように、矛盾が著しく、ついに承平・天慶の乱を爆発させるにいたったのである（『茨城県史　原始古代編』第六章第四節）。

将門の乱後の常陸・北下総

この反乱の中で、東国にはごく短期間ではあれ、畿内の王朝の「本天皇」に対する「新皇」将門を頂点とする自立した国家が樹立された。それは畿内中心の王朝国家に対する朝貢、貢納関係を持つ国家として構想されたとも見られるが（上横手雅敬「『将門記』所収の将門書状をめぐって」『日本政治社会史研究』中）、坂東八か国に伊豆を加えた東国の地に、独自な権威を持つ国家が樹立されたことの歴史的意義は限りなく大きい。そして常陸南部、下総北部こそ、その発祥の地であったことも、決して忘れてはなるまい。将門の記憶は次第に伝説と化しつつも、東国の中に広く深く生き続けており、この国家の存在した事実は、その後の東国の歴史に長く影響をおよぼしてやまなかったのである（網野善彦『東と西の語る日本の歴史』）。

しかし反面、将門を討ち、この国家を瓦壊させたのも、また平貞盛、藤原秀郷など、東国の「兵」であった。この功によって官位を得た貞盛、秀郷は、京都の藤原氏、源氏などの貴族に奉仕して結びつきを強め、東国での地盤をさらに固めていった。なかでも父国香以来、「水守の営所」を中心に南常陸、北下総に地盤を築きつつあった貞盛の一族は、十世紀にはすでに常陸平氏といっても決して不自然でない地歩を確立している。実際、九条右大臣師輔に仕えた貞盛の弟繁盛は、将門の乱の勲功賞に漏れたことを歎きつつも、寛和二年（九八六）、

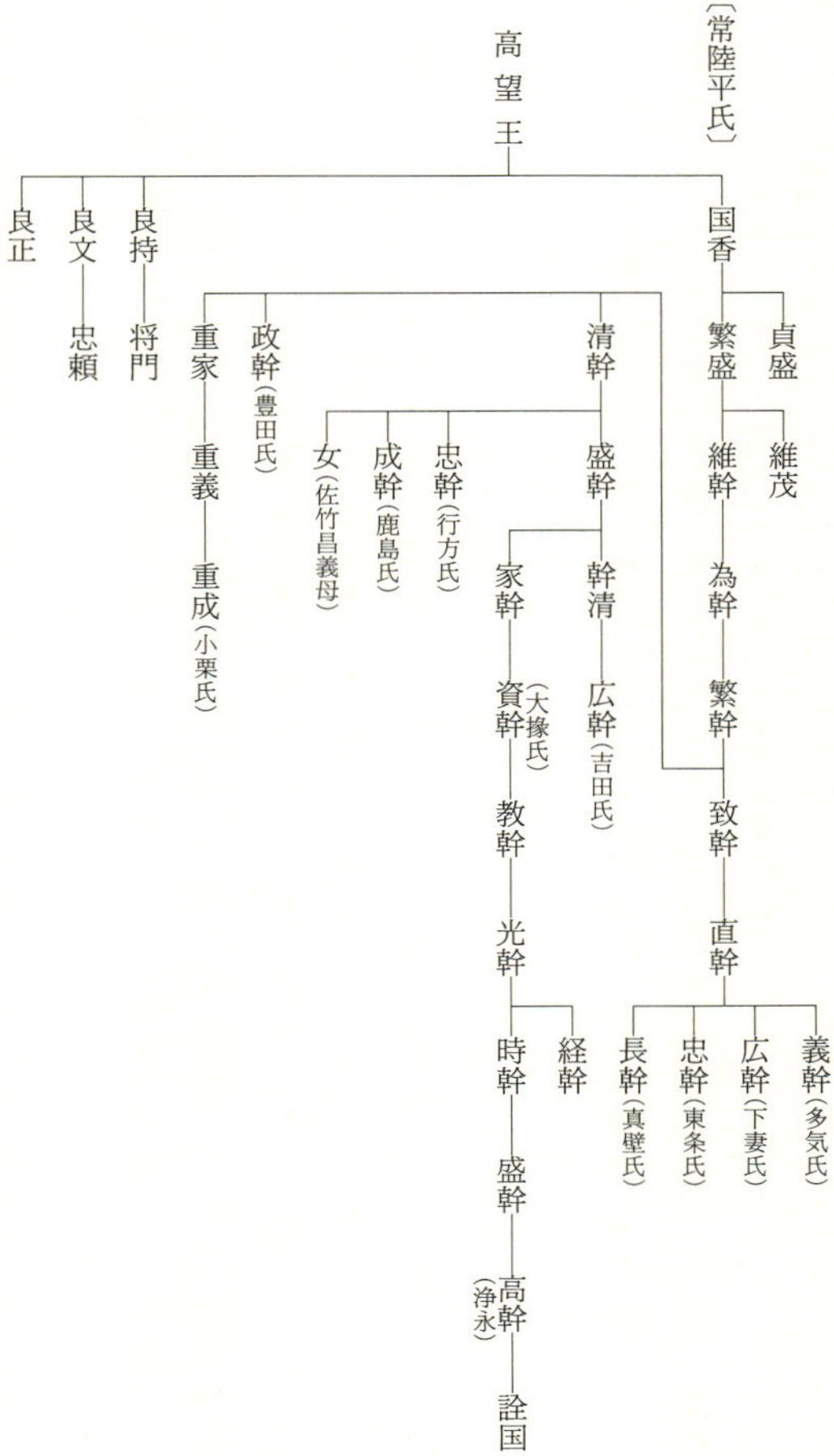
〔常陸平氏〕
高望王
国香
良持
良文
良正
将門
忠頼
貞盛
繁盛
維茂
維幹
為幹
繁幹
致幹
直幹
義幹（多気氏）
広幹（下妻氏）
忠幹（東条氏）
長幹（真壁氏）
清幹
政幹（豊田氏）
重家
重義
重成（小栗氏）
盛幹
忠幹（行方氏）
成幹（鹿島氏）
女（佐竹昌義母）
幹清
広幹（吉田氏）
家幹
資幹（大掾氏）
教幹
光幹
経幹
時幹
盛幹
高幹（浄永）
詮国

●図1　平氏略系図

金泥大般若経一部六百巻を白馬にのせて、比叡山延暦寺に運上しており（『続左丞抄』寛和三年正月二十四日、太政官符）、その富裕の程をうかがわせるが、繁盛の子維幹は貞盛の養子となり、「水守の営所」を継承、多気（筑波町）にも館を持ち、常陸に住んだのである。また小野宮実資に「僕」として奉仕した維幹は、絹や馬を進上して五位の位を買い取り「大夫」とよばれ、高階成順の女子をめとって常陸につれ帰り、その妹婿の常陸守に厖大な進物をして驚かした（『茨城県史　原始古代編』第六章第四節）。以後、維幹の子孫たちが「幹」を通字として実名に付している点から見て、維幹こそ常陸平氏の事実上の祖といってよかろう。

維幹の従兄弟で義理の兄弟に当る維叙、維将、維敏、維衡らは常陸介となり、維将以外は陸奥守にもなっている。維幹の兄維茂は余五将軍といわれて陸奥に勢威を張っており、この兄弟がそれぞれ国内での経営を進め、官物を請け負うさいに、こうした一族の国守の存在は大きな力となったであろう。この維茂が藤原秀郷の孫諸任と戦い、夜襲の勝利に酔いしれた諸任を急襲、討ち果して武名をあげた話も、『今昔物語集』でよく知られているが、諸任は、常陸にも根拠を持っていた。このように秀郷流の藤原氏の本拠は下野であるが、陸奥、常陸にもすでに勢威をおよぼしていたのである。また、さきの繁盛は大般若経の運上を、叔父良文の子の忠頼、忠文によって、武蔵で妨害されたことを訴え、東海・東山道諸国に対する官符を得て運上を果したが、村岡五郎といわれた国香の弟良文は、武蔵を本拠として下総などにも勢力を伸しており、良文流の平氏は繁盛、維幹の常陸平氏と対立関係にあった。

こうして、将門を討った「兵」たちの子孫は、着々と常陸、下総に根を下していった。中世に入ってから、この地の郡、郷の領主たちは自らの所領の開発の祖を、国香（真壁郡等）、良文（相馬郡等）に求めているが、十世紀初頭のこれらの「兵」たちこそ、この地域に新たな世界を開いた「英雄」と見られていたのである。実際「余五君」「大君」（『今昔物語集』）などのように、この人々はあたかも四、五世紀の畿内の首長たちの如く、君、大君とよばれていた。将門の乱前後のこれらの君、大君たちの激しい相互の「私闘」は、まさしく東国における新国家形成を内にはらむ動乱であった。しかしその中からいったん新国家を樹立した将門の挫折、新国家の瓦解は、京都の王朝に加担して、将門に対する「勝者」となった「兵」たちの側にも深い傷跡を残していた。彼等は東国でこそ「大君」「君」とよばれ、独自な世界と厖大な富を保持してはいたが、京都の貴族の前では、官位を求めて汲々とし、財物を献上する「僕」に過ぎず、「番犬」としてその駆使に甘んじなくてはならなかったのである。

貞盛や秀郷のように、天皇、貴族に屈従し、西の王朝を尊重しつつ、実質的に独自な世界を東国に確保するか、将門のように大きな危険を冒しても、京都の王朝国家から自立した独自な東国国家を目指して進むか。それはこれ以後、東国の人々の前にいつも現われる岐路となり、ジレンマとなった。そして十世紀初頭の将門の乱は、この二つの道、ジレンマをはじめて明確に東国の歴史の中に提起した点にその画期的意義があったのである。それ故、京都の朝廷を中心とした時代区分をとれば、この乱は古代末期、あるいは中世の曙といえるが、視点を東国に定めるならば、これこそ東国史自体の本格的な古代の開幕ということもできる。

郡郷の変質と留守所の形成

このような転換期を経た十世紀には、全国的に見て、受領による徴税請負、その下での負《ふ》名《みょう》といわれた富豪、有力な田堵による公田請負の体制が一応軌道に乗りはじめていたが、常陸・北下総の場合、公田の請負は郡を基本的な単位として進められた。南九州を除く西日本諸国では、『倭名類聚抄』に現われる郷が広く継承されている国が多く、受領はそうした郷の収納所を基本的な単位として、在庁官人、郡司を通じて負名から官物を徴収している。しかし常陸・北下総の場合、後年の状況から見て『倭名類聚抄』に記載された郷は鹿島郡の一部を除いてその実を失って消滅し、西国の郷の機能を果したのは郡であった。

もとよりそれは古代以来の郡とは異なっていた。古代の郡衙の多くは九世紀ごろには廃絶しており、天慶の乱のさい、藤原玄明が襲った行方郡、河内郡の不動倉のような倉庫は、十世紀になってもなお存在したであろうが、その実質、収納所としての機能は各地の豪族の「営所」「宿」「館」が果すようになったものと考えられる。その下に、あるいはそれと別個に負名と規定しうる単位があったかどうかは明らかでないが、のちに新たに郷とよばれるようになる小集落がその役割を果したことは推測してよかろう。ただこの場合も、後年、名の単位が見られた府郡（南郡）、鹿島郡と真壁郡の一部などを除くと、負名という形になっていたかどうかは疑問といわなくてはならない。

「営所」「宿」などの収納所は、恐らく郡内にいくつか設けられ、古代以来の郡司に代って、常陸平氏、良文流平氏、秀郷流藤原氏などの豪族が新たに郡司となり、その地位を世襲し、徴税請負人としての役割を果していた。十二世紀の所伝であるが、下総国相馬郡は平良文がそこを所領として以来、経明、忠経、経政、経長、経兼と子孫に相伝され、郡務を掌握する郡司が世襲されたといわれていることから見て（「櫟木文書」）、このように考えるのが自然であろう。十世紀の郡司は徴税請負人としての役割を果さず、受領が直接、負名から正税官物を徴収する体制が西国には広く見られたが（坂上康俊「負名体制の成立」『史学雑誌』九四―二）、なお在地首長の風貌を失っていないこの地域の土着した豪族の場合、郡司の地位を世襲しつつ、徴税請負人の役割を果すことが可能であったと思われ、負名の未発達とあわせて、西国と異なる東国の社会の特質をここに見出すこともできよう。

こうした体制が軌道に乗りはじめると、中心的な役割を果す収納所である「宿」「営所」などを単位として、古代以来の郡がいくつかに分割され、またその中から新たな郡が分出する動きが出てくる。その最初の事例は『将門記』に「吉田郡蒜間《ひるま》の江」とある吉田郡で、乱の前後、すでに那珂郡から分かれた自立的な単位となっていた。

この郡は、承和十三年（八四六）、従五位下に叙されて以来、天安元年（八五七）従四位下、貞観五年（八六三）従四位上、元慶二年（八七八）正四位下と位階を進められ、貞観十四年（八七二）には、前々年の新羅海賊の来襲以後の状勢の中で「数度祭会幷びに諸雑舎修理料」を寄せられ、常陸国内での地位を高めていた吉田社とかかわりのある単位であったと思われる。天慶の乱後、吉田社は「別勅願」により封戸を寄せ加え、神階をさらに増しているが、吉田郡は恐らくその神郡の意味を持っていたのではなかろうか。

これを初例として、常陸の諸郡は十二世紀までに、そのほとんどが東西中南北の郡・条に分割され、鹿島郡のように、南条、北条になり、北条がさらに上宿、下宿に分かれた例も見られる（後述）。このように「宿」が徴税単位となっている事実は、こうした郡の変質、分割が、さきの豪族、「兵」の「宿」と深い関係のあることを物語っている。

こうした状況の進行の中で、国衙もその相貌を大きく変えていった。『将門記』によると、天慶の乱のさい将門は常陸介藤原維幾の子為憲、平貞盛の率いる「国の軍三千人」を討ち取り、「三万余の宅烟は一旦の煙に滅しぬ」といわれたように府中を焼き、綾羅、絹布、珍財などの財物を掠奪、国府を占拠し、常陸介として藤原玄茂を任じたという。当時の国府の位置、また将門没落後の再建された国府の所在地は、詳細には明らかにされていない。しかしのちの府中とは異なる位置に「古国府」が存在したことは「税所文書」（『茨城県史料 中世編I』）に「古国府西殿本畠」「古国府弥太郎在家」が見られる点から明らかで、この後者が稲久名内にあった事実、弘安二年（一二七九）の作田惣勘文の稲久名に「加茨城定」と注記され、近世前期、税所氏の屋敷の一つが茨城《ばらき》（石岡市）にあった事実、さらに茨城に小目代、健児所《こにしょ》屋敷、健児《こんでい》坂、国掌屋敷等の地名が残存していることなどから、この「古国府」が茨城に所在し、「小目代」の地名の残る場所に「西殿」などを備えた国庁—留守所が所在したとする推定がなされている（義江彰夫「中世前期の国府——常陸国府を中心に」『国立歴史民俗博物館研究報告』第八集・『石岡市史』上巻）。

これがいつまで遡りうるか、断定し難いが、十世紀に入ってからの国府が、税所、健児所、国掌所などによって構成されるようになっていたことは間違いない。そして国守は「庁」＝館に居を構え、「庁の衆」（『将門記』）ともいわれた「館の者」、御館人を指揮した。「館の者」は国守の私的な従者、郎等、所々の官人、書生などを含む人々で、のちに在庁名になっていく「御館分田」を請け負うこれらの人々は、国守の直属軍を構成しつつ、その徴税業務にあたった（石井進「中世成立期軍制研究の一視点――国衙を中心とする軍事力組織について」『史学雑誌』七八―一二）。

西日本の諸国の場合、こうした「御館分田」は諸郡にまたがって存在したが、後年の在庁名の状況から見て、常陸のそれは国府の周辺地域に限定されていた。国守との間に、対等の立場の者同志の交換する様式の文書、「移、牒」を授受するような、「軍事貴族」ともいうべき豪族が諸郡に蟠踞するこの国において、国守の直属勢力は相対的に小さく、国司の命によって動員しうる国内の「兵」―「国の兵共」もかなり限定されており、国守にとって、諸豪族との同盟関係が重要な意味を持っていた。国守の中には、のちの源頼信や源義光らのように、諸豪族の勢力の間隙に、一族を新たに扶植する者もあり、国内の諸豪族の勢力分野はなお流動的であったが、十一世紀にかけて国守の遥任化が進み、目代がさきの所々を統轄する留守

- A　国司軍
  - a　国司直属軍
    - α　国司の私的従者
    - β　在庁官人・書生
  - b　「国ノ兵共」
- B　地方豪族軍

●図2　館ノ者国ノ者の図

所の機構が形成されたころも、こうした大勢は変りなかった。このように、国守―国衙の力が相対的に小さかったことは、その後の常陸の歴史にも少なからぬ意味を持ってくる。

一方、こうした動きと並行して、国内の神社の序列も、九世紀後半以降、顕著に行われた神階の授与を通じて定まりつつあった。藤原氏の氏神として、承和六年（八三九）、従一位を与えられた鹿島社は、霞ケ浦を通じて、恋瀬川河口に国津と見られる高浜津を持つ国府とも徐々に結びつきを強め、いち早く他社に抜きんでた地位を固めていった。九世紀末まで、これにつぐ神階を持つのは貞観十二年（八七〇）に正四位下となった筑波男神、元慶二年（八七八）、同じく正四位下を得たさきの吉田社であり、貞観十六年（八七四）、従四位上となる筑波女神、従四位下に昇った薩都神（佐都社）がこれに続く。のちに二宮となる静社は仁和元年（八八五）、従五位上を授けられたにとどまっているが、筑波女神、薩都神を除くさきの諸社や大洗礒《いそ》前《ざき》薬師菩薩神社（鹿島郡）、酒烈《さかつら》礒前薬師菩薩神社（那珂郡）、稲田神社（新治郡）などとともに、『延喜式』では名神大社とされた。神社の序列は、十世紀以後、国衙との関係や諸豪族の勢力の消長に伴い、なおかなり変動するとはいえ、その原型は九世紀末にはほぼでき上がっていた。そして留守所が成立するころ、国府近傍には国府と不可分の関係を持つ総社が造営される。中世はこの面でも幕を開けようとしていた。

二　平忠常の乱と奥羽の動乱

常陸守源頼信と平維幹

安和の変で源高明に従って失脚した藤原秀郷の子千晴に対し、右大臣藤原師尹と結びついて武将としての地歩を固めた源満仲は、これよりさき天元五年（九八二）、常陸介（守）になっており、その子頼信も長和元年（一〇一二）、常陸守として左大臣道長に馬十疋を献じている。同五年（一〇一六）まで頼信は国守であったが、『今昔物語集』はその間に頼信が下総の豪族平忠常を臣従させた話を伝えている。そのころ相馬郡に祖父良文以来の根拠を持ちつつ、下総、上総の全体をわがもののようにしていた忠常は、常陸にも勢力を伸ばし、国守頼信の命をことごとにないがしろにする姿勢を示した。これをとがめて下総に渡り、忠常を攻めようとする頼信に、常陸平氏維幹は援軍を申し出て、三千騎を率い、「館の者共、国の兵共」二千人を率いた頼信の軍勢と鹿島社の前で合流した。国守の軍を上まわる動員力を持つ維幹の実力に注目すべきであるが、維幹は下馬し、頼信の馬の口取りとなる態度を示した。この機会に頼信の権威を背景に、父繁盛以来の宿敵良文流平氏と対決しようとしたのであろう。

しかし忠常は、状況を察知し、渡の船をすべて隠して、軍勢が渡れないようにしていた。これは忠常の勢威が入海、衣川下流の海民にまで広くおよんでいたことをよく物語っているが、浅瀬を知る頼信は軍勢を率いて入海を押し渡ったため、周章《しゅうしょう》した忠常は小船に乗って、名簿《みょうぶ》と怠状《たいじょう》を頼信に捧げ、臣従を誓ったという。このとき忠常に対する頼信の使者に立った大中臣成平が鎌倉末期の在庁官人の中に現われる大中臣成正、親成などの祖であるとすれば、彼はまさしく「館の者共」の一人であったろう。また頼信を先導して海を渡った真髪高文と同姓の成村は常陸の相撲人として姿を見せる。常陸は近衛舎人の相撲使の召に応じて、相撲人を出す国であり、万寿二年（一〇二五）には東北人の出身とみられる公侯有常、常材などの相撲人も見られる（『小右記』）。高文が相撲人であったかどうかはわからないが、この辺の地理を熟知したこのような武勇の人も国守の従者になっているのである。こうして頼信は「いみじの兵」として恐れられ、その後都で武名をあげていくが、五男義政を那珂郡国井、吉田郡常葉などに根拠を持つ豪族として根づかせており、常陸にもその確実な足跡を残した。

平忠常の乱と頼信

万寿四年（一〇二七）、長年にわたって絶大な権勢をふるってきた前摂政道長が世を去った。その翌年、前上総介ともいわれた下総権介忠常は、安房国衙を襲撃、国守惟忠を焼死させ、上総介為政も国衙から京に追い返された。房総半島全体がいまや忠常の支配下に置かれるに到ったのである。

関白頼通の主導する朝廷は、これを反逆とみなし、検非違使平直方、中原成通を追討使に任命する。一方、忠常も従者を都に送り、内大臣教通を通じて追討の回避をはかっているが、常陸平氏と同様、良文流平氏とは長年の敵対関係にある貞盛流の維時、直方父子は積極的に追討を推進、翌長元二年（一〇二九）には、維時も上総介として現地に下向した。このように忠常追討には豪族間の私戦の要素も色濃く含まれており、追討使の一人中原成通は途中で帰京、三度にわたる追討官符にも拘らず、忠常は房総を支配し続け、頑強に抵抗してやまなかった。長元三年（一〇三〇）に入ると忠常の軍勢は再び安房国衙を襲い、国守藤原光業は印鑰を捨てて京に逃げ帰ってくる。これに代って安房守となったのも、貞盛流維衡の子平正輔で、正輔は海上から船団による補給を行おうとしたが、伊勢で同族間の私戦にまきこまれ、現地に下れない。しかし坂東諸国の国守の協力を得た直方の追討に、常陸平氏も協力したことは確実で、長期にわたる戦争により、房総三国の荒廃は著しくなってきた。忠常の戦意もその中で次第に衰え、朝廷はここで、前述したように忠常を臣従させた甲斐守源頼信の追討使起用にふみ切った。頼信は忠常の子の法師を伴い東国に下向するが、その途中、甲斐にあった頼信の許に、忠常は子息たちをつれて帰降し、頼信に伴われて都に上る途中、美濃で病死した。

頼信の「追討」は成功し、平忠常の乱はこれで終る。しかしその子息常昌、常近等は処分されることなく、忠常の房総の地盤を受け継ぎ、下総、上総を中心に依然として勢威を保った。その意味で良文流忠常の排除を企てた貞盛流平氏、常陸平氏の動きは不成功に終り、常陸平氏と下総・上総平氏との対立はこれ以後も長く跡を引くとともに、貞盛流平氏の坂東進出も失敗に終った。これに対し、清和源氏頼信は乱の鎮圧によってさらに武名をあげただけでなく、対立する常陸と下総・上総の両平氏をともに臣従させ、平直方の女子を子息頼義の妻とするなど、東国にその確実な足がかりを築くことに成功したのである（福田豊彦『千葉常胤』・野口実『坂東武士団の成立と発展』）。

十一世紀中葉の国制改革と奥羽の動乱

忠常の乱後の房総の荒廃は著しかった。すでに乱の中で下総の亡弊、国司の飢餓状態が報ぜられ、房総は「亡国」となったといわれていたが、上総においても公田―国図に登録された公定の田数は二万二千九百八十余町であったにもかかわらず、乱の直後、国内の作田は僅かに十八町余、という惨憺たる有様だった。当時の国守平維時（直方の父）の跡を受けた上総守辰重の努力で、状況は多少とも改善されたとはいえ、乱後四年を経た長元七年（一〇三四）の作田は千二百余町程度だったのである（『左経記』）。

常陸の場合も同様であった。常陸守（介）藤原信通は万寿二年（一〇二五）、右大臣藤原実資に書状を送り、不作がつづき前国守より以前の作田は僅かに三百町であったが、自分の努力で七百町にまで増加し、人民も満ち足りていると述べている。常陸の公田定数四万町余に比べれば、微々たる増加にすぎないが、これでも国守としては大きな業績だったので、翌々年、常陸国の百姓たちは京に上り、信通の国政の「善状」を申し出た（『小右記』）。当時、畿内近国の「郡司、百姓等」が国守の苛政を訴え、ときにその「善状」を申し出るため、しばしば都に上ったことはよく知られているが、常陸の場合は地域的に飛び離れて遠く、国守信通の政治的芝居だったとする説もある（坂本賞三『摂関時代』）。しかしすでに亡弊の国として、京都の政府がほとんど期待をかけていなかった坂東諸国の中では、この程度でも「善状」として通り得たのであろう（『茨城県史 原始古代編』第六章第四節）。

たしかに戦乱による下総、常陸の荒廃は想像を絶するものがあり、忠常が頼信に対し、戦わずして降伏した理由の一つはそこに求めうる。しかし延喜の改革から百年を経過したこのころ、国守請負の体制の行き詰りは全般的に顕著になりつつあった。国守たちの中には、国図に登録された公田でその年耕作されなかった田―不堪佃田をできるだけ多く申請、公認させて、公田数を減らし、貢納物の負担量を減少させようとする一方、自らの手中にある公田への賦課率、貢納物の交易にあたっての交換率の操作を行うことによって、私腹を肥やそうとするものが少なからずいた。こうした「倒るるところに土つかめ」とまでいわれた受領の貪欲な収奪は、尾張守藤原元命に対する「郡司、百姓等」の訴えに見られるような激しい糺弾の対象となったが、公田数の全国的な減少はその中で進行していたのである。房総や常陸の作田の激減にも、戦乱を口実にした国守の意識的な作為が加わっていなかったとはいえないであろう。

それとともに国守の公田請負は現地の豪族や農業経営者である田堵たちにとっても、大きな障害になりはじめていた。この人々が荒廃田を開発し、また新たに田地を開発しても、国守の検田によって公田に組み込まれてしまう。それ故、豪族や田堵たちは高位の貴族や大寺社と結びつき、新開発の田地をその免田とすることを国守に認めさせ、公田を荒廃に任せて、新たな別の道を模索するようになった。

このような免田系の荘園は十一世紀半までに、全国的にはかなり増えていた。常陸・北下総では『将門記』に常陸の石田荘、下総の常羽御厩、『小右記』万寿元年（一〇二四）十月十二日条に「常陸長言牧」が見られるが、いずれも田屋や厩などがその実態で、田畠を含む荘園とはいい難く、免田系荘園は確認されていない。ただ、常陸、下総などの東国では、もともと田地よりも畠地が卓越していたのであり、豪族、田堵の努力が国守の検注の対象にならない畠地の経営に向っていったことは十分に考えられる。とくに絹を特産としていた常陸の場合、桑畠による養蚕を通して、絹の生産に力が注がれたものと思われ、その成果は早くも『新猿楽記』の諸国土産の中に見える「常陸綾」として世に知られるようになっている。

こうした豪族、田堵たちの新たな動きが国守との対立を激化させたのであり、それに伴う公田の荒廃、減少の中で国守請負体制は、そのままでは維持し難くなってきた。この行き詰りを打開すべく、寛徳二年（一〇四五）の荘園整理令を契機として、藤原頼通の主導する朝廷は新たな国制改革に手をつけはじめる。

この寛徳整理令では、それまで荘園整理の基準となっていた延喜整理令以後（格後）という枠が外され、前任国守の在任中よりのちに立てられた新立荘園を整理することとした。それ以前の国守の認めた免田系荘園は公認されることとなったが、さらにこの改革は、公田の名以外に、豪族や田堵たちが開発した田地を新たに国守に直結する行政単位―別名（別符）として認めた。そしてそれとともに、従来の郡、院、郷などについても、国守が直接掌握する方向がでてきたのである。豪族や有力な田堵たちは、ここで国守によって郡司職、郷司職、名主職などに補任され、徴税を請け負うこととなったが、その反面、これらの徴税単位については、その領主として相伝の私領とする道が開かれることとなった（坂本賞三『日本王朝国家体制論』）。

この転換の過程は国によってさまざまであった。常陸の場合は、専ら郡を基本的な単位とし、別名の領主となったのは、おもに国衙の在庁官人や、鹿島社・吉田社などの神官・僧侶で、それまで諸郡の徴税を世襲的に請け負っていた豪族たちが、諸郡の郡司職にあらためて補任され、それを「私領」として子孫に分割、相伝していくようになるが、それが表面化するのはこれよりやや遅れ、十一世紀末から十二世紀にかけてのころであったと思われる。

朝廷は一方で、諸国の実情に即して、従来国守の手中にゆだねられていた公田への官物賦課の率法を確定することに努め、国守の恣意を規制しようとしているが、この改革を契機に新たな発展への展望を得た各地域の諸勢力の動きは、にわかに活発になってくる。

陸奥の奥六郡を郡司として支配した安倍氏、出羽の仙北郡の清原氏は、いずれも「俘囚長」として奥羽に大きな勢威を張っていたが、安倍頼良は衣川関を越えて南にその力を伸し、白河関以北、外ケ浜にいたる奥羽一帯を押える勢いを示し、租税、賦役の徴収に応ぜず、これを制圧しようとした国守の軍を大敗させるにいたった。

永承六年（一〇五一）源頼信の子頼義は陸奥守となって任地に下り、いったんこれを帰伏させたが、天喜四年（一〇五六）、ついに安倍氏と正面衝突する。戦争は長期にわたり、頼義とその子義家の軍勢は苦戦の末、出羽の清原氏の援助を得て、ようやく康平五年（一〇六二）に安倍氏を滅ぼした（前九年の役）。この戦争の後、清原氏は安倍氏にかわって陸奥に勢力を伸し、奥羽全体を支配し、頼義流源氏の陸奥進出は阻止されるが、義家らの武名はここに大いにあがり、頼義によって築かれた根拠地相模を中心に、現地の諸豪族を従者として東国一帯に武威を振うようになった。

このとき、多気権守致幹が奥州下向中の頼義を迎えて、「女を捧げ、女子を得た」と『奥州後三年記』は伝えているが、当時の常陸平氏は致幹の父繁幹（為幹の子）の時代であり、これを致幹とするのは無理がある。しかしここで常陸平氏が頼義流源氏となんらかのかかわりを持ったことは事実であろう。

奥羽をはじめとするこうした諸勢力の動揺に対し、藤原頼通の干渉を抑えた後三条天皇が主導権を掌握する朝廷は、さらに重大な国制改革にふみ切った。延久元年（一〇六九）の荘園整理令によって知られる新政は、記録荘園券契所（記録所）を設置、国守に委任されていた荘園の存廃の権限を、一挙、太政官の手中に収め、受領の恣意を抑制しつつ、国衙領と荘

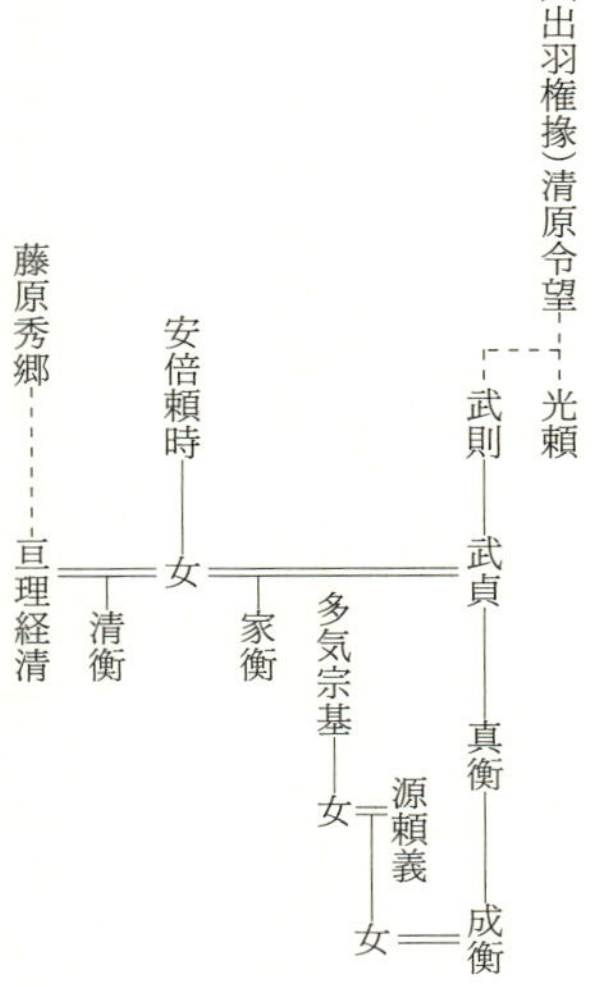

●図3　奥州藤原氏略系図

園の分野、「平民」と「寄人」（供御人、神人等の「職人」）の区別を明確にしようと試みたのである。大田文の作成、畠地の検注、一国平均役（公領荘園を問わず一国平均に賦課することを原則としていた課役）の成立の出発点といわれるこの改革の影響を常陸・北下総において確認しうるのは、なおのちのことであるが、東国の場合、国守の権限の弱化が郡司、郷司、名主、さらにこれらの人々を家人として従える棟梁的な武将の動きをさらに活発化させたことは間違いない。それ以上に、長年、独裁的な勢威を振っていた摂関家の権威失墜は政局を流動化させ、後三条天皇の死後、天皇家と摂関家、天皇家内部の白河上皇と堀河天皇の対立が表面化するとともに、中下流の貴族たちはその間を右往左往し、大寺社も自立性を著しく強め、寄人、荘園の確保をめざして激しく競合しはじめた。各地の武将、大小の豪族、さらに非農業民的な「寄人」や「平民百姓」までが、こうした都の動静に呼応し、権門、大寺社との結びつきを新たに求めて動き出し、社会全体がここに一種の流動状態に突入したのである。

その中で奥羽には再び動乱がおこる。ことは『奥州後三年記』が頼義・多気致幹の孫娘、『常陸大掾系図』が致幹の女子とするさきの女性と、奥羽の覇者清原真衡（武貞の子）の養子海道小太郎成衡の婚姻の席にはじまった。常陸平氏嫡流はここで清原氏とも手を結ぼうとしていたのであるが、その祝宴のさい、吉彦秀武が真衡の専恣に憤激して席を蹴り、家衡（真衡の異母弟）、清衡（家衡の異父兄弟）に頼ったのがきっかけとなり、真衡との間に戦闘がはじまった。永保三年（一〇八三）、陸奥守となって赴任した源義家は、当初、真衡に迎えられて清衡、家衡と戦った。しかし、真衡が病死したため、帰伏してきた清衡、家衡に義家は奥六郡を二分して与えたが、この二人もまもなく対立、戦闘をはじめ、義家は清衡の訴えに応じて兵を動かし、応徳三年（一〇八六）、出羽の沼柵に立籠る家衡を攻めた。この戦いに苦戦する義家を援けるため、その弟新羅三郎義光は官職を捨てて奥羽に来り、寛治元年（一〇八七）、義家・義光兄弟は、ようやく家衡を打破ることができたのである（後三年の役）。

この戦いの結果、藤原経清を父とし、安倍頼良を祖父に持つ清衡は、清原氏にかわって奥羽を征覇、やがて平泉を中心に事実上、自立した国家を形成していったが、この戦争を朝廷から「私戦」とされた義家は、ここでも陸奥への進出を阻まれた。しかしこの戦争を通じて源氏と東国武士との結びつきはさらに強まり、義家の声望はますます大きく、白河院政下、上皇に重用された義家は、都の武者としていよいよその名を高くしていった。

三　保元・平治の乱と平氏の支配

十二世紀前半の諸勢力の分布

「後三年の役」で奥州に下った源義光は、常陸介、甲斐守などを歴任し、それぞれの国に勢力を扶植した。嘉承元年（一一〇六）、常陸にいた義光は常陸平氏重幹（繁幹）と党を結び、義家の子で下野国足利荘に根を張る義国と合戦している（『永昌記』嘉承元年六月十日条）。義光の勢力圏は奥七郡といわれた常陸北部であったと思われるが、義光はここで、吉田郡以南の常陸南部を押える常陸平氏と手を結んで、下野にまでその勢力を伸そうとし、義国と戦うことになったのであろう。それは不成功に終ったとはいえ、義光流源氏と常陸平氏の結びつきは、義光の長子義業が、繁幹の子で吉田、行方、鹿島の諸郡を継承した清幹の女子を妻に迎えるという形で具体化しており、その間に生まれた子息昌義は常陸の久慈東郡の佐竹郷に住み、佐竹を名字とし、やがて奥七郡の主となっていった。

また義光の三男刑部三郎義清は、武田を名字としているが、これを、吉田郡の武田の地という説もある（『勝田市史』中世編・近世編）。その子悪源太清光が常陸の「住人」といわれ、大治五年（一一三〇）十二月三十日に常陸国司によってその「濫行」を訴えられている点から見て（『長秋記』）、この推定が成立する蓋然性は大きい。しかし義清は、甲斐国市河荘に配流され、清光もまた甲斐国逸見を名字の地として甲斐源氏の祖となり、武田の地も結局は吉田郡の郡司として吉田を名字とした清幹の子孫の手に入っていった。

一方、この清幹の世代―繁幹の子供たちのときから、常陸平氏は常陸南部、下総北部に分流しはじめる。祖先以来の本拠多気の館を継承したのは多気権守といわれた致幹で、筑波、茨城、真壁、信太等の諸郡、のちの村田、下妻、田中荘などがその支配下に置かれていた。これに対し、清幹は吉田、鹿島、行方等、東南部の諸郡を譲られ、石毛荒四郎といわれた政幹は、下総国の豊田郡を受け継いだ。政幹の女子は下総の相馬郡の郡司職を相伝した平忠常の子孫の下総権介常重（経繁）の妻となって常胤を生んでおり（『千葉系図』）、かつての宿敵、常陸平氏と下総平氏とはこうして一部では結びつくこととなった。

また繁幹から小栗の地を与えられた重家は小栗氏の祖になったが、この一族のみは常陸平氏の通字「幹」を名のらず、平氏一族の中で独自な立場を保持したのである。ここにはすでに小栗御厨が成立していたと見られるが、この御厨を分出したのちに、新治郡は東、中、西の三郡に分れた。このうち東郡は笠間郡ともいわれ、のちに下野の宇都宮氏の一族笠間氏に伝領されており、恐らく平安末期には宇都宮・小田一族の影響下に入ったと推測してよかろう。

これに対し中郡には、後二条関白師通にその祖を求める大中臣氏が勢力を扶植した。「大中臣氏略系図」によると、師通と「ツマノ御局」との子息頼継は上総介となり、「中郡庄六十六郷」を与えられたが、北政所の嫉妬により、大中臣姓に改めたといわれ、その子上総権守頼経は中郡を名字として、中郡氏の祖となった。この系図は頼経が、海道小太郎業平―常陸平氏致幹の女子を妻としたとされる成衡を下野国氏江（氏家）、風見の館で討ったとしているが、このとき頼経に討手を命じ、成衡の追討後、頼経から「ス、キ丸」という成衡愛用の太刀を「進上」され、頼経に「三星ノ文」を与えたのは、源義家であろう。成衡は後三年の役で養父真衡が死んだあと、清原氏嫡宗の地位を失い、結局、義家に討たれたのであろう。「大中臣氏略系図」の記事のうち、頼継については、未成立とみられる中郡荘にふれるなど、伝説的な匂いが強いが、頼経の事績は、事実と見てよかろう。中郡氏はここで義家―清和源氏の嫡流と主従関係を結んだのである（網野善彦「桐村家所蔵「大中臣氏略系図」について」『茨城県史研究』四八号）。

一方、西郡は北条、南条に分れ、前者は伊佐郡、後者は関郡とよばれた。このうち北条は、山陰流藤原氏で嘉承二年（一一〇七）に常陸介であった実宗の流れをくみ、高松院非蔵人となった伊達朝宗（常陸入道念西）が鎌倉期初頭にはその所領としており、それは平安末期までは確実に遡るとみてよい。

また南条は、下総北東部から武蔵にかけて、古利根川、荒川、太日川などの大河川の流域、さらに下野南部にもおよぶ広大な地域に勢威を張った秀郷流藤原氏、鎮守府将軍ともなった兼光の子孫たちの勢力圏の一端となっている。武蔵国大田荘を名字の地とする兼光の孫大田行尊（行高）の子息のうち、行政は下総国下河辺荘を押え、武蔵の大河戸御厨を所領とするとともに、下野国小山、寒河御厨を支配下に置き、大河戸氏、小山氏、下河辺氏などを分流

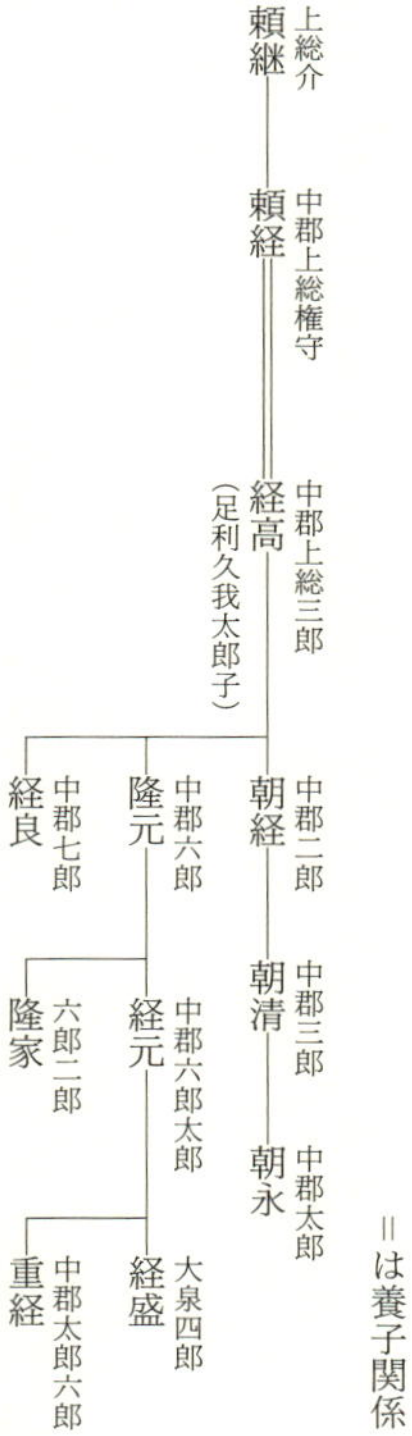

●図4　大中臣氏頼経流略系図

し、下総の幸島郡、結城郡もその勢力圏内にあったと思われる。そして行尊のもう一人の子息政家は、相撲人として名を知られているが、十二世紀半までには下総の大方郷を根拠としつつ、常陸の西郡南条にも進出し、俊平、政平、政直など、その子供たちは関を名字として名のり、南条に根を下していった（『関城町史』史料編Ⅲ、解説）。

中郡氏と同様、関氏も源氏嫡流の義朝と主従関係を結んでいたが、大田行政の子小山政光の妻となった八田宗綱の女子（寒河尼）は義朝の子頼朝の乳母になっており、やはり義朝と浅からぬ縁を持っていた。さらにまた、鎌倉期初頭の状況から見て、小栗氏・伊達氏（伊佐氏）も、同じく源氏の嫡流とかかわりが深かったと思われる。

こうした常総の諸豪族と義朝との関係が、いつ形成されたのかは明らかでないが、十二世紀前半から義朝が上総にいたことは、「上総曹司」と呼ばれた点から確実と考えられ、平忠常の流れをくむ上総介常澄に養育されていたものと推定されている（五味文彦『院政期社会の研究』）。事実、義朝は康治二年（一一四三）、常澄の「浮言」に従って、下総国相馬郡を伊勢神宮の御厨とした常澄の従父弟常重に圧迫を加え、「圧状」を責め取った。その翌年、義朝は鎌倉の館に移り、相模の大庭御厨に、「名代」として三浦・和田一族を乱入させているが、一方では、久安元年（一一四五）、避文（権利放棄の文書）を進め、相馬郡をあらためて神宮の御厨とし、常重の子常胤が相馬郡司職に補任されるさいになんらかの寄与をすることによって、常胤をもその「郎従」としている。

このように、義朝は相模に主たる根拠を置きつつ、上総、下総から常陸西部の諸豪族を郎

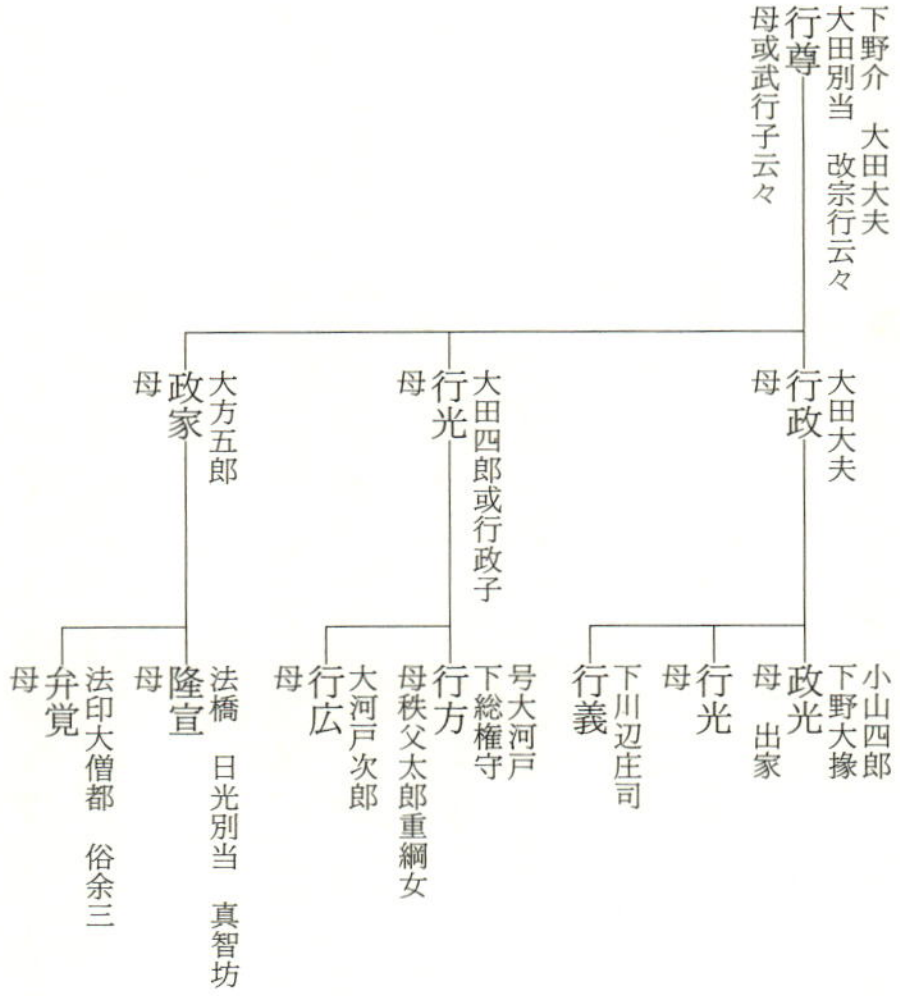

●図5　大田氏略系図（『国史大系』より）

従、家人とし、その棟梁となって南関東に勢威を張っていった。しかしこうした動きを示していたのは義朝のみではなかった。元永元年（一一一八）、下総守として常陸国住人を搦め取るべく、数百人の兵士を率いて常陸に乱入、濫妨《らんぼう》を働いたといわれる源仲政は（『中右記』）下河辺氏を従者としており、常陸北部の義光流源氏佐竹氏も、義朝に対しては敵対的であった。また常陸南部全域を押える常陸平氏も、小栗氏を除くと、常陸西部、下総北部から圧力を加えてくる義朝の動きには、むしろ反発していたと思われる。

こうした複雑な対抗関係の中で、諸豪族は、あるいは国衙の在庁機構の中にその立場を固め、あるいは国守、棟梁などを通じて所領を荘園として寄進するなどして、京都の院、貴族、寺社などとの結びつきを求め、互いに競合していた。その中で大きな勢力を扶植しつつあった清和源氏嫡流に対抗し、十二世紀後半、新たに強い影響を常陸におよぼしはじめたのが、伊勢平氏の嫡流だったのである。

保元・平治の乱と平氏の進出

伊勢平氏は正盛、忠盛の二代にわたって、白河、鳥羽両院に密着しつつ、宮廷内に足場を固めたが、その常陸とのかかわりは、忠盛の子家盛が久安三年（一一四七）、常陸介として姿を現わしたときにはじまる（『本朝世紀』）。家盛は翌々久安五年に病死、その跡を追って弟頼盛が常陸介となり、保元の乱（一一五六）後、異母兄経盛と交替するまで、八年にわたって常陸を知行した。

頼盛は宮廷への出仕の最初から、近衛天皇の皇后藤原多子と結びつき、さらに近衛の母で鳥羽上皇の寵姫美福門院藤原得子にも引きたてられていた。そのため自ずと得子の女子八条院とのつながりも深く、その乳母宰相局の女子を妻に迎え、のちに八条院庁の別当となっている。常陸介となった頼盛はこの結びつきを最大限に活用し、その勢力の扶植をはかった。仁平元年（一一五一）十二月、忠盛の妻で頼盛の母に当る藤原宗子（のちの池禅尼）は、信太郡西条を美福門院、あるいは鳥羽上皇に寄進し、信太荘を立てたが、この寄進に頼盛の寄与があったことは確実である。

これよりさき、康治二年（一一四三）、常陸には常安保《つねやすほ》と南野牧を含む村田荘が、鳥羽院の建立した安楽寿院領の荘園として立荘されていた。十二世紀後半、このうち南野荘は独立した単位となり、常安保は村田荘となるとともに、さらに下妻荘、田中荘を分出したものと思われる。これらの諸荘は信太荘とともに、八条院領として伝領されていくが、常陸における八条院領の形成についても、頼盛の果した役割は大きなものがあったに相違ない。

茨城郡の南野牧、筑波、真壁、新治の諸郡にわたる村田、下妻、田中の諸荘は、常陸平氏本宗の多気直幹の支配下にあり、その子下妻広幹が村田荘、下妻荘をはじめ、その大部分を継承したと見られる。とすると、頼盛の美福門院、八条院への荘園寄進を、現地で推進したのは直幹、広幹父子、とくに広幹であったと推定してよかろう。信太西条＝信太荘も、本来はその手中にあったのではなかろうか。

このように、下妻広幹は荘園寄進を通じて頼盛、八条院と切り離し難い関係を結んでいるが、頼盛、経盛から、永暦元年（一一六〇）に、その兄弟教盛に受け継がれた平氏による常陸の知行を通じて、国衙の在庁機構ともなんらかのかかわりを持つ常陸平氏嫡流の多気氏をはじめ、東条、鹿島などの諸流も伊勢平氏の家人になっていったと推測される。こうして保元の乱前後、源氏の義朝に対し、平氏も着々と常陸にその勢力を植えつけつつあったのである。

鳥羽院の死を契機に、真二つに分裂した天皇家、摂関家の対立の中で、義朝は、平清盛とともに後白河天皇、藤原忠通、信西側に立ち、崇徳上皇、藤原頼長に味方した父為義、弟為朝と戦った。このときの義朝の軍勢の中には常陸の中郡三郎経高、関二郎俊平、下総の千葉介常胤、下野の八田四郎知家等の姿を見出すことができる。東国の多くの家人たちを動員したこの義朝の軍勢と、為朝の軍勢が衝突したさい、甲斐国住人志保見兄弟とともに戦った関俊平が、為朝の弓勢に驚いて退却した話を『保元物語』は伝えている。また中郡経高は足利久我太郎（家綱、あるいは俊綱）の子で、さきの頼経の養子となった人であるが、頼経の異母弟宗経の子息の上総中五実経も、このとき義朝に従って戦ったものと思われ、「亀劫《甲》文」と「相州《ママ》六連《浦》庄」を与えられたと「大中臣氏略系図」は伝えている。

保元の乱での勝利の後、院政を開始した後白河院と、その子二条天皇の間に萌しはじめた葛藤の中で、院の近臣藤原信頼と結んだ義朝は、信西を支える清盛と対立、平治元年（一一五九）、信西を討ったが、反撃に転じた清盛と戦って、敗北する。このときの義朝には、さきの関二郎（『平治物語』は次郎時員とするが、俊平と同一人であろう）、上総介広常等が従っているが、当初は義朝方に立った源光保や、下河辺行義等を従えた源頼政が清盛方に寝返るなど、足並の乱れの中で敗れた義朝は東国に向う途中、尾張で討たれた。

この平治の乱のさい、中郡経高は内裏へ「参入」したといわれており、義朝には従わず、後白河、清盛方についてその立場を保ったものと思われるが、義朝の敗死は常陸、下総の諸勢力にも大きな影響をおよぼした。もともと義朝と対抗関係にあった常陸北部の佐竹氏は、この機をとらえて北下総へ進出を試み、応保元年（一一六一）、昌義の子義宗は、義朝を「大謀反人」、その郎従千葉常胤・上総常澄を「王土にあるべからざる者」と糺弾しつつ、内宮の御厨となっていた下総の相馬郡をあらためて内宮・外宮両宮に寄進、自らは「預職」としてこの地を支配するにいたった。これに対し常胤も、内外両宮に解文を捧げ、この御厨を両方の供祭所として「御贄上分」を進めることを申し入れ、右大臣藤原公能の計いもあって、どうやら義宗の下に、その地位を保つことができたものと思われる（「櫟木文書」）。

さきの中郡経高も、義朝の妻（頼朝の母）の姉妹に当る熱田大宮司藤原季範の女子を妻としていただけに、義朝の敗北によって大きな打撃をうけた。しかし経高は国守＝常陸介平教盛に結びつき、後白河院の発願で清盛の造営寄進した蓮華王院（三十三間堂）に中郡を寄進、中郡荘を立てて下司となることにより、その立場を保持している。このように、かつての義朝の家人、郎従たちを含めて、常陸平氏や秀郷流藤原氏の諸流など、常陸・北下総の諸豪族は、少なくとも形の上では平氏の勢威の下に帰伏していったのである。

一方、常陸介は、教盛のあと、その婿藤原（高倉）範季、教盛の子通盛を経て、範季の婿の藤原頼実、高階経仲と、範季の姻族にうけつがれており、承安元年（一一七一）には、知行国主高階泰経の下で、子息経仲が国守となった。そのとき、承安四年、中郡荘下司経高の濫行が、朝廷で大きな問題になった。一応、平氏に従ったとはいえ、経高の立場には不安定なものがあったのであろう。後白河院の直接の指示により、召使が現地に下向するが、この使とともに、経高の身の京都への召進を命ぜられたのは、佐竹昌義・義宗父子と在庁であった。このときの佐竹氏の立場は明らかでないが、相馬御厨において、義宗が下司でなく、むしろ国司の掌握した職を継承する「預職」になっている点を考えると、義朝、頼朝にも十分対抗しうるだけの「貴種」性を持つ佐竹氏は、常陸北半を押えて、このころ国守の権限を現地において代行し、在庁を指揮するほどの勢威を持っていたものと思われる（『吉記』）。

これに対し、同年、下妻荘下司下妻広幹は、蓮華王院領で同族の豊田頼幹が下司であったと見られる下総国松岡荘と紛争をおこしており（『吉記』）、安元二年（一一七六）に召し返された流人の中に、「父母を殺害の者」として「能幹」＝多気義幹の姿を見出しうる。すでに常陸平氏は、義幹、広幹の弟たちが信太東条の東条忠幹、真壁郡の真壁長幹に分れ、吉田清幹のあとも、吉田盛幹、行方郡の行方忠幹、鹿島郡の鹿島成幹に分流しており、このうち真壁長幹が郡の一部を平氏の荘園としたとみられるほか、源氏とかかわりの深い小栗重成も含めて、ともあれすべてが平氏の家人となっていたと思われる。しかしこの諸流の間には対立が錯綜しており、その足並は乱

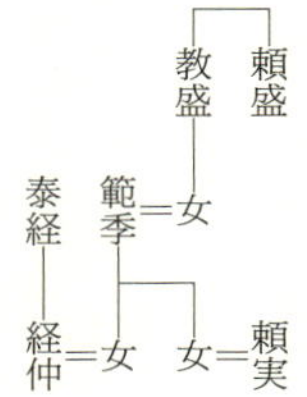

●図6　平氏頼盛流系図

れがちであった。

こうした諸勢力の中に潜在する矛盾、対抗関係は、治承・寿永の内乱の中で、一挙に表面化することとなるのである。

四　荘園・公領制の形成とその実態

常陸北半部——奥七郡、吉田郡の形勢

十二世紀を通じて、常陸・北下総の諸豪族のある者は、「相伝の私領」として請け負うようになった郡、郷を、国守などを経由して、天皇家、摂関家、大寺社等に寄進し、その立場を強めようとし、またある者は国衙の在庁機構の中に地位を得ることによって、国内での地歩を固めようとして、競合した。こうした諸勢力の対立、消長の中で、十二世紀末になると、常陸・北下総における荘園、公領の分布は、ほぼその形をあらわしてくる。以下、その状況を概観してみる。

常陸の北に境を接する陸奥国白河郡の依上郷は、いつからか依上保という単位になってい

る。白河郡が砂金の産地であったことは『続日本後紀』(承和三年一月二十五日条)に見えており、そのために自立した行政地域とされたのかもしれない。

また、『倭名類聚抄』に見られる常陸北部の多珂、久慈、那珂三郡のうち、十世紀に那珂郡から吉田郡が分れたが、十二世紀後半までに、那珂郡は那珂川を境に那珂東郡、那珂西郡に分れ、久慈郡は久慈川を境とする久慈東と久慈西の両郡、さらに佐都川(里川)の左岸、右岸の佐都東郡、佐都西郡の四郡に分れた。吉田郡を除くこの七郡は、十二世紀末には一括して「奥七郡」(『吾妻鏡』治承四年十一月八日条)、あるいは「奥郡」(「塙不二丸氏所蔵文書」『茨城県史料 中世編Ⅰ』)と呼ばれるようになっている。「奥郡」の呼称は陸奥、信濃、飛驒、さらに大和、紀伊、肥前などの諸国にも見られ、いずれも南北を問わず平地にある国府から離れた山地よりの地域をさすが、常陸のこの七郡がまとめて「奥郡」とよばれたことと、義光流源氏のこの地域への勢力扶植、佐竹氏の支配とは深い関係にある。

実際、治承四年(一一八〇)、佐竹氏の所領は「奥七郡幷太田、糟田《ぬかだ》、酒出等所々」(『吾妻鏡』)であり、昌義は奥州の藤原清衡の女子(隆義の母)や常陸平氏一族と見られる平時幹の女子(義宗の母)を妻とし、その勢威は陸奥にもおよぶ一方、さらに南下する形勢にあった(「佐竹系図」『続群書類従』第五輯)。この昌義から隆義、秀義と受け継がれていった佐竹氏の奥七郡に対する権限は、郡司職を統轄し、その上に立つものではなかったかと推定されるが、とくに多珂、久慈東、同西、佐都東、同西の五郡には佐竹氏の支配が強くおよんでいたものと思われ、常陸の他の諸郡に比べると、この五郡では自立した郷の形成度も低く、荘、保も全く見出すことができない。

これに対し、常陸平氏の勢力圏吉田郡に接する那珂東、同西の両郡の場合、事情は複雑で、東郡には公文《くもん》、西郡には後年、一時的にせよ四人の地頭にその権限が継承されたような沙汰《さた》人《にん》があって、佐竹氏から相対的に独自な勢力、機構があったことを推測しうる。そして、成立の時期、事情は不明であるが、事実、東郡からは奥七郡唯一の保、国井保が分立し、西郡には塩籠荘が成立している。

国井保の立保に、頼信流源氏で、国井の地および吉田郡の常葉郷《ときわごう》に根拠を置いた義政の子政清、その子息で常陸に住んだといわれる国井政広などの寄与があったことは確実である。保には、京の官司、寺社などに対する国の所定の貢納物に当るだけの田地＝郷が自立した単位として設定される「便補の保」（京保）と、現地の寺社などを支えるための費用に相当する田地―郷が保とされる場合（国保）とがあり、国井保は後者であったろう。佐竹氏、常陸平氏の二大勢力の境に拠点を置いた国井氏は、こうした保を成立させることによってその立場を固め、政広は仁安二年（一一六七）、同三年、南郡橘郷に設けた屋敷について、万雑事免《まんぞうじめん》除《じょ》の裁定を留守所から得て、さらに新たな進出を試みた。

一方、吉田社の神郡として、いち早く分立したと見られる吉田郡は、常陸北部の中では最も開かれた地であった。十一世紀後半以降、この郡には義光流、頼信流の源氏も拠点を持っていたが、その間にあって常陸平氏の清幹が結局、郡司職を掌握、太郎盛幹にこれを譲り、郡全体に対する支配を固めていった。盛幹はこの郡をさらに二分し、子息幹清は吉田、家幹は石川を名字の地とした。幹清は大戸氏の祖ともいわれ、その子孫はおおよそ那珂川北岸の白方、多良崎、勝倉、藤佐久、市毛、武田、堀口、道理《むべ》山を名字とする諸氏に分流する（『常陸大掾系図』）。

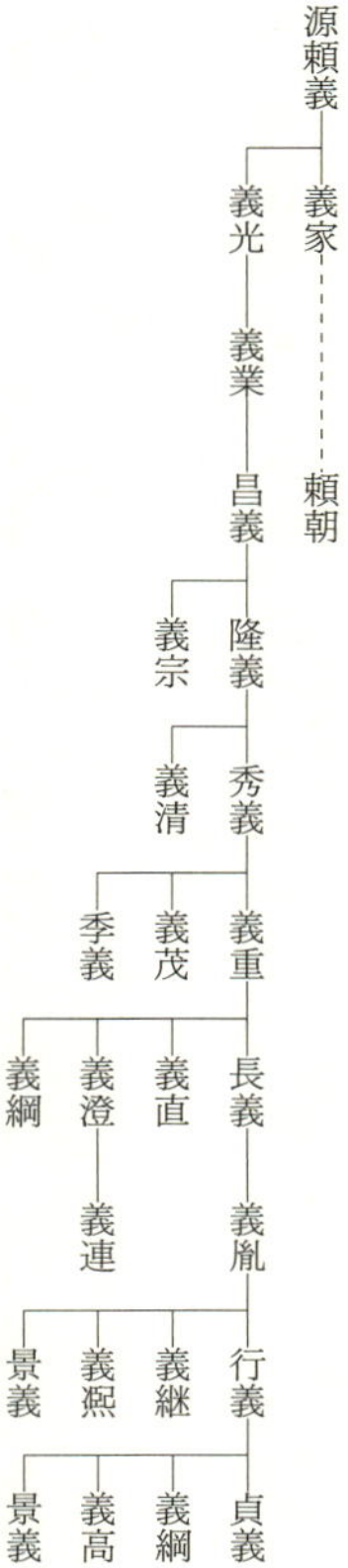

●図7　佐竹氏略系図

家幹の子供たちは、那珂川と涸沼にはさまれた地域を中心に、谷田、馬場、天神、久米、山本、常葉、石崎、大野、栗崎の諸氏となって分れ、石川の名字は恒富を所領とした高幹にうけつがれた（「石川氏系図」『新編常陸国誌』）。この恒富は他の諸郷と異なり、後年、四十四町一段の田地を持ち、七郷ないし十郷を分出した一個の別名であった。恒富は石川氏のだれかの仮名《けみよう》だったと思われる。

恒富だけでなく、吉田郡には倉員《くらかず》といわれるもう一つの別名があった。仁平元年（一一五一）、郡司吉田氏（幹清あるいは広幹か）は別符武田荒野には倉員名の古作田二町があり、新作二町を開発し、今後さらに追年これを加作するとの請文を国守に提出、別符に対する則頼の執行の停止を求めた。国守平頼盛は国益のため則頼の沙汰を停め、郡司の名田として開発させることとし、四月四日、国司庁宣を施行する留守所下文が、吉田郡倉員に充てて発せられた（「吉田神社文書」『茨城県史料　中世編II』）。とすると倉員もまた郡司吉田氏の仮名で、この名はその知行する別名であったと見てよかろう。嘉元四年（一三〇六）の常陸国造伊勢□宮役夫工米田数注文（「所三男氏持参文書」以下、嘉元大田文と略す）で倉員は田地二十五町となり、武田も二町八段六十歩の小郷として独立している。

このように、郡司吉田氏、石川氏がそれぞれ別名の形でその所領を確保している事実は、奥郡の諸郡とは異なり、吉田郡では則頼のような名主となりうるだけの領主が存在したことを物語っており、吉田氏、石川氏はここでは、こうした人々の抵抗を多少とも受けながら、開発と支配を進めていかなくてはならなかったのである。

なかでも郡司の支配に強い抵抗を示したのは吉田社の神官、沙汰人たちであり、長承年中（一一三二―三五）、郡の田地の約半分に達する吉田社の社領は、官務小槻氏の支配する荘園と同様の単位となった。さらに建久六年（一一九五）、郡の南に位置する石崎郷も、「本領主相慶」により、吉田社領の領家と同じ小槻隆職に寄付され、同九年（一一九八）の官符で「官中便補地」として、便補の保、石崎保が立てられた。この相慶は石川家幹の子息で石崎禅師とよばれた人ではないかと思われる。ここでも、また吉田社領についても、吉田氏、石川氏は郡司としての立場を保持してはいるが、官務家や吉田社からの制約が多少とも加わるようになった。

常陸南東部――鹿島郡、行方郡の形勢

吉田清幹はほぼ十二世紀の中葉、次郎忠幹に行方郡を譲り、忠幹は郡司として行方を名字の地とした。この一族はその子息景幹の子供たちの世代――鎌倉時代に入ってから分流をは

じめ、行方＝小高、島崎、麻生、玉造、手賀等の諸氏に分れていく。

十二世紀前半までに、この郡には「加納」が形成されているが、これは入海が次第に埋まっていく過程で推進された開発によるものであろう。これに対して「本納」とよばれた行方郡の主要部分は、古くから鹿島社の神領であったが、保延五年（一一三九）、加納もまた鹿島社に寄進され、郡のほとんどすべてが神領となった。『荘園志料』はこの郡に最勝光院領成田荘があったとするが、この状況から見て、荘園の存在は考え難い。成田の地名は涸沼の南にもあり、そこに比定する方がまだしも自然である。ただこの荘は最勝光院領目録（「宮内庁書陵部所蔵文書」）の記事以外に全く所見がないので、確言することはむずかしく、目録が常陸国としていること自体に誤りがあるのかもしれない。

一方、清幹は三郎成幹には鹿島郡を譲与した。成幹の子息のうち、太郎親幹は徳宿に根を下し、三郎政幹が鹿島の名字を受け継いで、鎌倉初期、鹿島社の惣大行事となり、他の子息は用次、立原、林などの諸氏に分れた。

鹿島郡は鹿島社の神郡であるが、南条、北条に分れ、南条はさらに上宿、下宿に分れていた。さきに述べたように『将門記』に現われる宿が、ここで一個の行政単位となっていることに目を向けておく必要があるが、下宿には郷とともに、安宗名、守真名、国忠名等々、多くの名が成立しており、これらはみな鹿島社の神官、供僧等の名であったと思われる（弘安二年常陸国作田惣勘文案「税所文書」『茨城県史料 中世編Ⅰ』。以下、弘安大田文と略す）。その南部にあり、鹿島社自体を含む上宿においては、こうした名の形成は下宿以上に顕著であったろう。

北条は徳宿郷、宮田郷、白鳥郷の三つの郷からなり、そのそれぞれに少数の村、名が属する形となっている。鹿島郡では常陸の他の郡と異なり、この三つの郷がいずれも『倭名類聚抄』の郷を継承している点に注目すべきである。これは鹿島社の古代の体制が他の郡に比べて強固だったことを物語るものといえよう。ある意味で、この郡のみが常陸の中で「西国的」な色彩を持っているともいえるので、それが鹿島社の存在の影響であることは間違いない。このような鹿島社の強力な影響下に置かれたこの郡では、鹿島氏の一族も神社に密着しつつ、その立場を保っていかなくてはならなかった。

茨城郡の荘園・公領と国衙

国衙の所在する茨城郡は、常陸平氏本宗、多気致幹流の支配下に置かれていたとみられるが、康治二年（一一四三）、郡の南部を含む南野牧が、常安保とともに筑波郡村田荘の名の下に、安楽寿院領となり、八月十九日の太政官符（「安楽寿院古文書」『茨城県史料 古代編』）によって、諸使の入部、大小の課役を停止された。安楽寿院の建立は保延三年（一一三七）であり、この間に「領掌年尚《りょうしょうとしひさ》」しい領主によって、同院に寄進されたのであろう。南野牧の四至は官符によると、東は海、西は筑波山、南は筑波河（桜川）、北は荒張河を限るとされ、現在の筑波町南部、新治村、土浦市の桜川左岸、千代田村、出島村、石岡市の一部を含む広大な牧であった。『倭名類聚抄』の佐賀、安餝（安食）郷を含み、明らかに茨城郡南部を主体としたこの地域が、官符で筑波郡とされ、事実、筑波郡の一部を含む単位となっているのは、官牧であった信太牧と接するこの牧が、かなり早い時期に独自な地域となっていた点に一つの理由があるものと思われる。

実際、安元二年（一一七六）までに、南野牧は村田荘となった常安保と分れ、安楽寿院領からも分離して、八条院庁分の荘園となっている（「八条院領目録」『茨城県史料 古代編』）。しかし、筑波河から新治西郡南条、南は下総国との国境にいたる、驚くべき大規模な保である常安保とこの牧が、一時的にせよ、村田荘という一つの荘園になったのは、両者がその領主を共通していたからにほかならない。そこに注目される事実の一つは、弘安大田文において、在庁名の筆頭に現われる「常安佐谷二十七丁」の佐谷郷が、後年「給主分と云い、地頭職と云い、常陸大掾の代々兼帯相伝の所職なり」といわれ（常陸大掾平経幹申状「金沢文庫文書」）、早くから常陸平氏本宗＝多気氏の支配下にあったと見られる点である。とすると、ここから常安を多気氏―恐らくは直幹の仮名と考える道がひらけてくるので、常安保は、まさしく多気直幹によって立てられた保と推定される。また、平安末期の村田荘の領主が直幹の子下妻広幹であったことは、ほぼ確実であり、これもこの推定を支えるものといえよう。

南野牧についても、鎌倉、南北朝期の地頭が小田氏であったと見られる点から、その前の領主は常陸平氏本宗であったと推測できるので、常陸西半部をその中央で横断する巨大なこの地域を安楽寿院領とした領主は、多気直幹としてまず間違いない。

これについで、茨城郡の東部、涸沼川の右岸からその上流にかけての地域が、小鶴荘として立荘された。治承四年（一一八〇）五月十一日の皇嘉門院惣処分状（『九条家文書』）では、すでに「ひたち　こつるきた　みなみ」と南北に分れているが、女院はこれを甥の九条良通に譲り、両荘ともに九条家領として伝領されていった。この荘の一部、涸沼川の南の地域は、後年、宍戸荘ともいわれ、小田氏一族の宍戸氏が地頭であったことは確実で、さきの南野牧と同様、その前の領主は多気義幹か下妻広幹であったと推定される。皇嘉門院、あるいはその父藤原忠通に、この荘を寄進したのもこの二人のうちのいずれかであろう。

そして恐らく、南野牧、小鶴荘の分立の後、茨城郡の中で残された地域が北郡、南郡に分割された。その範囲は南郡がほぼ天ノ川（荒張川）以北、巴川以南の国府を取りまく地域、北郡は北は新治東郡と中郡、西は真壁郡に接する地域で、直幹は北郡を多気義幹に、南郡を下妻広幹に分け譲った。茨城郡が南北に分れたのは、この直幹の分割譲与と深く関係していると思われる。

一方南郡に一応含まれる形になっている国府周辺は府郡ともいうが、ここは広幹ではなく、義幹に譲られた。平頼盛などを通じて、八条院など中央権門との結びつきを求める広幹に対し、常陸平氏本宗の嫡子として、義幹は国府の掌握を志向し、弘安大田文の在庁名の筆頭で、大掾の在庁名となっている常安佐谷は義幹の手中にあった。事実義幹は佐谷義幹とよばれたこともあり、佐谷を名字の地の一とするまでになっているのである。

しかし平安末期、常陸平氏はまだ大掾職を安定的に世襲するまでには到らず、在庁官人たちの首領としての地位も、完全に確立してはいなかった。常陸の留守所下文の初見は、仁平元年（一一五二）であるが、そこに署判を加えたのは目代と税所百済氏であり（「吉田神社文書」『茨城県史料　中世編II』）、治承四年（一一八〇）の下文も、なお同じ形で（「鹿島神宮文書」『茨城県史料　中世編I』）、大掾平氏は署判を加えていない。

しかし国府の中心「留守所御館」(「常陸国総社宮文書」『茨城県史料　中世編Ⅰ』)に根拠を置く目代が、在庁官人を指揮しつつ国務を代行する体制ができたのは十一世紀にまで遡る。そして「館侍」「館の者共」「御館人」などといわれた在庁官人、国府の祈禱を行う庁供僧、国衙と不可分のかかわりを持つ総社の神官、供僧等が、自らの請け負う田地をそれぞれに在庁名、別名の形で確定し、それを相伝の所領としていく過程も、また十一世紀後半から始まっていた。

その結果、平安末期までには、判明する限りでも、在庁官人中、最も優勢であった税所百済氏の稲久名および別名大橋郷、健児所で百済氏の同族平岡氏の元久名、棩大夫大春日氏の稲富名、総社神主で在庁でもある清原氏の米吉名、在庁大中臣氏の香丸名、総社供僧で棩大夫ともかかわりのある一族の別名三郎丸、在庁弓削氏の別名弓削郷などが確定していった。

江戸時代の所伝に、健児所屋敷、国掌所屋敷、税所屋敷がいずれも茨城《ばらき》にあったといわれ、この地に「小目代」という地名があることなどから、当時国府の機能は茨城にあったと推定されている(義江彰夫「中世前期の国府——常陸国府を中心に」『国立歴史民俗博物館研究報告』第八集)。また江戸時代、税所、健児(古仁)所、香丸、金丸、弓削、中宮部の六家が「府中六名家」といわれ、現在も石岡に金丸、香丸などの地名が残っているのをはじめ、稲久名・元久名の田畠もその名の内部の地名から見て、やはり石岡、茨城周辺にあったと考えられ、これらの在庁名が国府の周辺に集中して存在したことは間違いない（前掲書・『石岡市史』上巻）。

西国の在庁名の田畠が、若狭、安芸などのように、国府周辺を中心としつつも、しばしば二郡、三郡にわたって広く散在しているのと比べてみると、陸奥の場合などと同様（大石直正「中世の黎明」『中世奥羽の世界』）、在庁名が国府所在郡のみに集中する常陸は、東国の一国としての特徴をよく示している。しかし、国府から多少離れた常安佐谷郷が大掾の在庁名として確定し、この体制に組み込まれるのは鎌倉期に入ってからで、この時期の在庁筆頭は、さきの下文の位署といい、税所稲久名が常安佐谷郷よりも田数が多いことといい、なお税所百済氏であったと見なくてはならない。

常陸平氏本宗多気氏は府郡を押え、大掾に補任されることによって、在庁官人に対して強力な影響を持っていたことは間違いないが、まだ国府を完全に押えていたわけではなかった。それだけでなく、義幹の弟下妻広幹は巨大な所領を知行しており、有勢在庁に見られる「権守」の地位を保持、しかも「悪権守」といわれるような強い個性の持主であった。もとより義幹も所領の広大さにおいては広幹に劣らなかったが、常陸の中枢ともいうべき茨城郡を二分したこの二人の間には、かなりの競合関係があったものと思われる。

一方、義幹の支配下の北郡の宇治会郷は、元久二年（一二〇五）の石清水護国寺別当道清と修理別当宗清の連署処分状に、宇治会保として現われる（『石清水文書之二』）。この保は常陸国の石清水八幡宮への納物が特定の郷に指定された便補保であったが、広幹がさかんに荘を立てているのに対し、筑波郡を含む義幹の所領には、こうした保がいくつか見出される。この辺にも、両者の志向の差異が現われているのかもしれない。

筑波郡と真壁郡の状況

この筑波郡こそ、水守、多気などの十世紀以来の根拠地を含む、常陸平氏本宗の本拠であった。開発の歴史も古く、筑波社の所在するこの郡は、国府の所在する南郡と同様、かなり複雑な様相を示している。

郡が北条、南条に分れたのは、村田荘の前身常安保が立てられてからのち、十二世紀もかなり降るころと見られる。北条は、南は南野牧、田中荘、北は真壁郡、東は北郡、西は村田荘に接する地域で、本納、加納あわせて五十六町余におよぶ筑波社の社領を除き、弘安大田文には六つの単位に分れて記載されている。

その中で、大沢郷は率分所の保—率分保、酒依郷は熊野社の保—熊野保と、いずれも便補保とされており、酒依保は白河院による熊野社への社領寄進に関連して建立されたのではなかろうか。このほか、国松、隆得、石前など、他の郡の郷に相当する単位のうち、前二者は明らかに仮名をつけた地名であり、保になった単位とともに、独自な領主の存在を想定できる。そして残る郡分百十町余が、常陸平氏嫡流の郡司多気義幹に伝えられたのであり、これはその祖平国香以来のこの一族の根拠地として、本領中の本領の意味を持つと見てよい。義幹はここを中心に、筑波社領についても領主の立場を保持し、北条全体にその力をおよぼしていた。たとえ別名の領主が存在していたとしても、義幹の支配の影響をまったく排除することは不可能であったに相違ない。

これに対し、南条はその東端の粟野郷を残したのみで、他はすべて方穂荘（片穂荘）として日吉社領とされた。弘安大田文がこれを「南条方穂庄九十一丁二段」（嘉元大田文は六十四丁四段半）と記している点から見て、その立荘が郡の南北分割後であったことは間違いない。後年「常陸国方穂庄号東盛寺」（承鎮法親王附属状「三千院文書」）、「常陸国方穂庄内東城寺」（足利尊氏袖判下文写「四天王寺所蔵如意宝珠御修法日記紙背文書」）などと表現されていることから明らかなように、東城寺とその寺領が荘の重要な部分を構成していた。この寺から出土した経筒の天治元年（一一二四）十一月十二日の銘に、「行者延暦寺沙門経暹、大檀那蔭子平致幹」

とあることは、東城寺が常陸平氏本宗に外護されつつ、延暦寺と結びついていたことを明証している。方穂荘が日吉社領となったのも、こうした背景によるもので、荘を寄進したのもまた常陸平氏本宗であったことは確実である。それが義幹自身であったとしても、義幹はこの荘の下司職を、建久元年（一一九〇）「片穂平五」と名のって『吾妻鏡』に姿を見せる人に譲与し、以後、荘はこの片穂氏に相伝されていった。ただ、東城寺を除くその荘域については、現在の大穂町にもおよんでいると推測されるが、確定できない。

一方、筑波郡の北に位置する真壁郡を、多気直幹は子息の六郎長幹に譲った。郡司として、承安二年（一一七二）、真壁の地に館を構えた長幹は（高田実「在地領主制の成立過程と歴史的条件」『古代郷土史研究法』）、真壁を名字とするが、大国玉社をその内に持つこの郡にも、光行、松久をはじめ紀三郎名、椎尾郷内の国貞、貞則、助貞などの別名がかなり発達しており、郡司長幹の立場も大小の領主の存在に、多少とも規制されざるをえなかった。

十二世紀末、長幹が郡の北部の本木、安部田、大曾禰、伊々田、北小幡、南小幡、大国玉、竹来などの諸郷を割いて、荘を立てたのも、こうした事情と関係があるかもしれない。このうち、伊々田、本木、安部田が光行名、松久名にあたるものと思われ、竹来郷がのちに四つの平民名に編成されたことからも知られるように、この荘は東国の荘園にはめずらしく、名によって構成されていた。

鎌倉期に入り、関東御領とされている点から考えて、平安末期のこの荘の領家は伊勢平氏の一族だったと推定されるが（石井進「関東御領研究ノート」『金沢文庫研究』二六七号・山崎勇「常陸国真壁郡竹来郷の領主制について」『歴史学ノート』四号）、その本家については明らかではない。

村田荘、下妻荘、田中荘

また一時期、南野牧とともに村田荘の一部とされた常安保は、常陸西南部をおおう広大な保であったが、南野牧の分離とともに、この保が村田荘そのものとなり、まもなく上荘、下荘、あるいは上郷、下郷に分れた。このうち村田下荘は『吾妻鏡』建久三年（一一九二）九月十二日条によると、下妻宮を含むことになっており、『吉記』承安四年（一一七四）三月十四日条に「常陸国下津真庄下司広幹」とある下妻荘がこれにあたることは、ほぼ間違いないと思われる。『吾妻鏡』文治四年（一一八八）三月十七日条、六月四日条に八条院領として現われる「村田、田中、下村庄」の「下村」は村田下荘を示すか、下妻荘の誤記ではあるまいか。

そして、嘉元大田文に下妻荘と並んで、「同加納田中荘五百丁」とある点から、田中荘が本納＝下妻荘から分出した加納の地であったことも確実である。後年、建武三年（一三三六）八月二十四日の左大将九条道教家政所注進当知行地目録案（「九条家文書」）に「常陸国村田荘号下妻庄領家職　同国田中荘号村田下庄領家職」とあるのは、なにかの混同とも思われるが、強いていえば、村田下荘＝下妻荘、田中荘＝村田下荘加納として、矛盾を解消することもできる。

こうして常安保は十二世紀末までに、村田荘、下妻荘、田中荘の順に成立した三つの八条院領荘園に分かれた。下妻（下津真）は『倭名類聚抄』では新治郡に属しているが、下妻荘の荘域は小貝川をこえて筑波郡内の今鹿島、安食、造谷等に広がり、西は西郡南条＝関郡に接し、南は下総との国境におよんでいた。また田中荘は、下妻荘の東にひろがり、方穂荘と交錯しつつ、桜川右岸に沿って金田（桜村）にまでおよび、南野牧、信太荘に接する。村田荘は下妻、田中両荘の北方に位置し、東は真壁郡、西は西郡、北は小栗御厨にいたる地域を含み、この三荘は新治、筑波、真壁郡の郡界を無視する形で常陸西南部に広がっている。それはこの地域が、小貝川をはじめ南流する諸川の乱流の中で、しばしば激しい変動を蒙り、新たな条件での開発が進められたこととも無関係ではあるまい。そしてその開発は茨城、筑波両郡に根拠を持つ常陸平氏、とくに常安を仮名としたと見られるその本宗直幹によって推進されたものであろう。直幹の子広幹が下妻荘を名字の地とし、下司職を掌握したことに、その一端をうかがえるが、村田荘も広幹が下司だったと思われるのに対し、田中荘はのちに小田氏が地頭となっている点から見て、義幹が下司ではなかったかと推測される。旧常安保＝村田荘は茨城郡と同様、この二人の間に分割されているので、そこにも前述した義幹と広幹との激しい競合が作用していたのではなかろうか。

河内郡と信太郡の状況

小野川の右岸、常陸の西南端の谷田川流域に広がる河内郡については、平安末期から鎌倉期の状況を知るための手がかりがほとんどない。その中からは大井荘が分立しているが、この荘についてもその実情を知ることができないのである。ただ、下妻荘、信太荘、東条などに常陸平氏の勢力がおよんでいることから見て、この郡、荘がともにその勢力圏内にあったと推測することは可能である。

一方、信太郡は恐らく直幹のときに、小野川を境として東条と西条に分れる。そのうち東条は直幹の子五郎忠幹に譲られ、忠幹はここを名字の地とし、東条氏を名のることとなった。これに対し、西条は仁平元年（一一五一）、平頼盛の母藤原宗子によって立荘されて信太荘といわれ、安元二年（一一七六）までに八条院庁分の荘園となっている（「八条院領目録」）。荘の北は桜川を境に南野荘、西は花室川、乙戸川を隔てて田中荘、南は乙戸川、小野川を境として河内郡に接し、嘉元大田文によると、本荘四百十町、加納二百十町、合計六百二十町の田積を持ち、本家に対して「国八丈絹三百疋、仕丁六人十二月分」を負担した（安嘉門院庁資忠注進抄写、『東寺文書之二』）。

その領家職は頼盛から子息光盛に伝えられているが、荘の寄進にあたって現地で寄与したのは、一応常陸平氏本宗下妻広幹と推測しうる。しかしその後の下司については、平将門の子将国が信太小二郎と称し、その流が信太郡に住んだとする伝説（『相馬系図』等）、紀八郎貞頼がはじめて常州信太郡を領し、信太荘司と称し、これを頼康、頼高と伝領したとする所伝（『系図纂要』第七冊、紀氏下）、志田《しだ》三郎《さぶろう》先生《せんじょう》義広《よしひろ》を下司と見る説などがあって、明らかでない。

このうち将国流については伝説としてよいが、志田義広は八条院を准母とする二条天皇の蔵人で、その甥仲家、義房が八条院蔵人となっている点から見て、八条院の線からこの荘にかかわりを持つ蓋然性は大きい。『平家物語』には義広が浮嶋にいたとあるが、浮嶋は東条であり、これが事実ならば義広は信太郡全体にその勢力を伸していたことになる。しかし義広の名字の地をこの信太荘としてよいかどうか疑問が残り、信太荘と公式の関係があったとしても、下司より上級の預所のような立場にあったのではなかろうか。

一方、紀忠頼は河内国高安荘司惟頼の子であり、河内、和泉あたりの人と見られるので、和泉の信太を名字の地とする見方も成り立つ。ただ、高安荘も信太荘と同じ八条院領であることは、やはり八条院の線から紀氏が常陸にかかわる可能性もあり、治承元年（一一七七）七月二日、本家政所下文を施行する形で、大谷郷に対する家景の妨を停止し、鹿嶋物忌の沙汰すべきものとした某家政所下文（「鹿島護国院文書」）が、この荘の領家の下文であるならば、そこに公文佐伯氏、案主大中臣氏とともに連署した下司紀氏は信太荘下司ということになる。しかしこの本家は鹿島社にかかわる摂関家であり、大谷郷の位置づけも明確でないので、ここでは断定は避けておくこととしたい。

後年の史料によると、信太荘には惣政所があり、所在地は本郷であったとみられるが（網野善彦「常陸国信太荘について」『茨城県史研究』四号）、現在の美浦村信太が本郷の地と推定される。その小字には、庄司山があるほか、給分、主殿窪、猿楽、さらに佃、手作、大田、寺田、神田、京伝（経田）、一色など、常陸には珍しく荘園に関係することの確実な地名が残されている点からみて、この推定はまず間違いない。とくに佃、大田がいまでも最も収量の多い

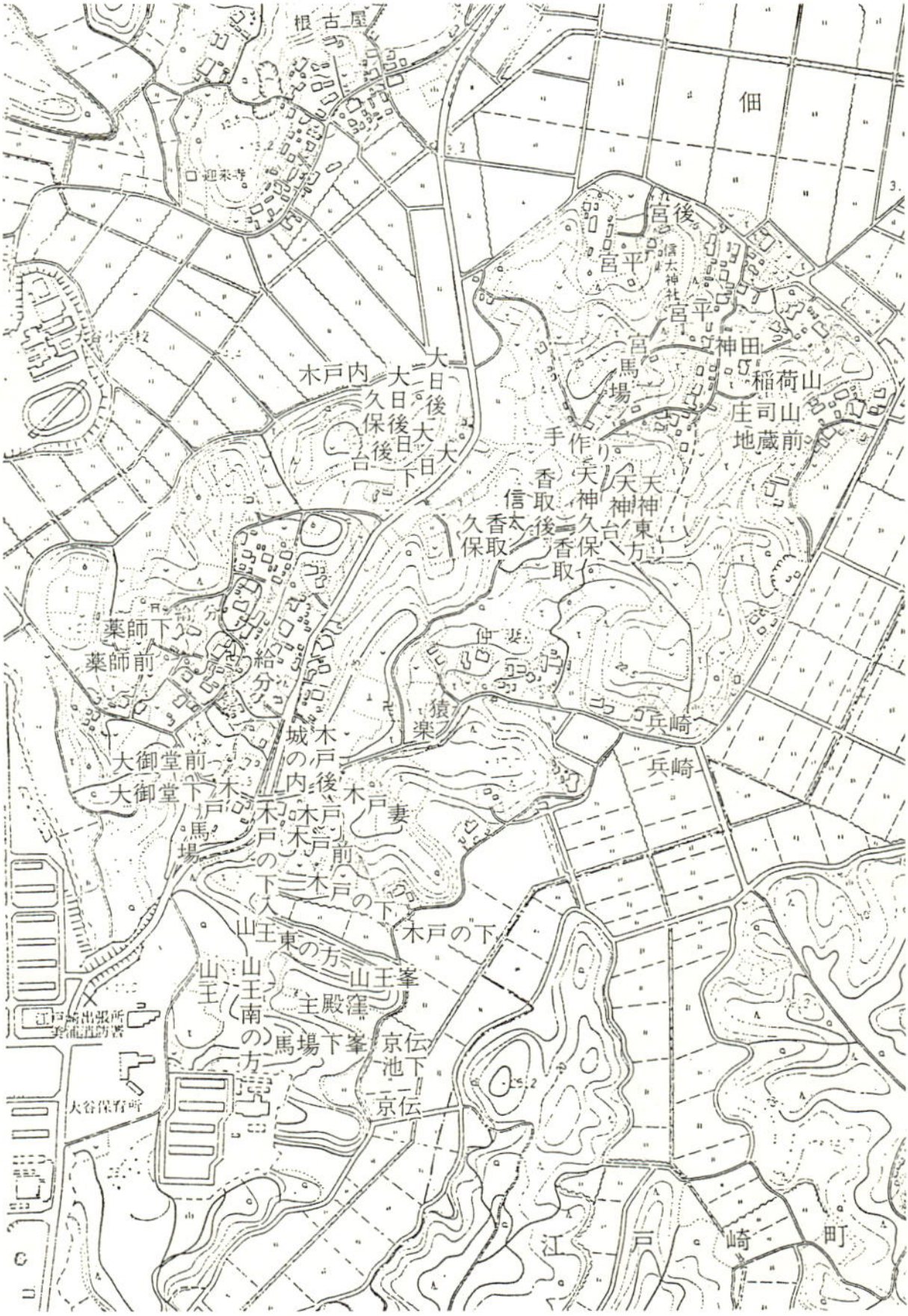

●図８　信太荘本郷（美浦村信太）

安定した田地であるとされていることは、注目すべきである。またここには、木戸妻、木戸、木戸の下、木戸山、木戸後、木戸下神田、木戸の下入、木戸入、木戸馬場、城の内などの地字があり、城館のあったことは確実で、その位置も推定できる。給分、猿楽の地名がそのすぐ東にあり、西南側に山王、山王南の方、山王東の方、山王入、山王峯等の地字が残り、いまはまったく姿を消した山王と通称される日吉神社があったと推定されること、城館の北西に大御堂坂、大御堂、大御堂南添、北東には大日下、大日北方、大日後、大日後久保、大日西の方などの地名があり、それぞれ大御堂、大日といわれた寺院があった点から考えて、この城館は戦国期をはるかに遡り、信太荘政所それ自体の流れをくむ施設なのではなかろうか。その傍に山王＝日吉社のあったことは、大御堂を天台宗の寺院とする推定にも道をひらくことになるが、このことからさらに領主の性格を考えていくのも、今後に残された課題である。なお現存する楯縫神社のほかに、薬師、鳴神、天神、香取、稲荷、地蔵等の小寺社を示す地名、山伏塚、富士塚などの地名も残っている。

小栗御厨と新治東、中、西郡

前述した通り、新治郡からまず分出したのは、寛治、康和のころ（一〇八七－一一〇四）、伊勢神宮内宮領として建立された小栗保であった（二所太神宮神主神領注進状「神宮雑書」）。それは常陸平氏本宗から小栗氏が分流した時期とほぼ重なり、小栗重家がこれに寄与したことは間違いない。保延二年（一一三六）、この保はあらためて内宮に寄進され、さらに保元年中（一一五六―五九）、「奉免宣旨」を得て、上分絹十疋、別進起請二十疋を内宮に貢進する御厨として確立する。もとより下司は小栗氏であった。

建久三年（一一九二）のころの御厨給主は大中臣氏子という女性であったが、元久元年（一二〇四）には九条兼実がこれを宜秋門院に譲っているので、この女性は給主職＝領家職を兼実に譲ったのであろう。以後、この御厨は九条家領として伝領されていく。

御厨の領域はほぼ現在の協和町にあたり、宮本の内外大神宮（神明社）をはじめ、蓮沼、知行、柳、細田、谷永島などに神明社が分布している。また小栗御厨には平安末期から鎌倉初期ごろ、小栗重成の八田館があったといわれる（『吾妻鏡』治承四年十一月八日条）、現在は、小貝川右岸、小栗の対岸にあたる八田には館跡を見出すことができない。しかし小栗城跡の真南にあたる小栗の平地、小貝川の左岸に西城戸、西前地、東御前、西の坊、西館、御殿内、亥の馬場、尾崎館野、東城戸、東前地など、館にかかわる地名が集中的に残っており、小栗の集落の東部から小貝川と集落の間の水田化された地域を含めて、ここにかなり大きな館の

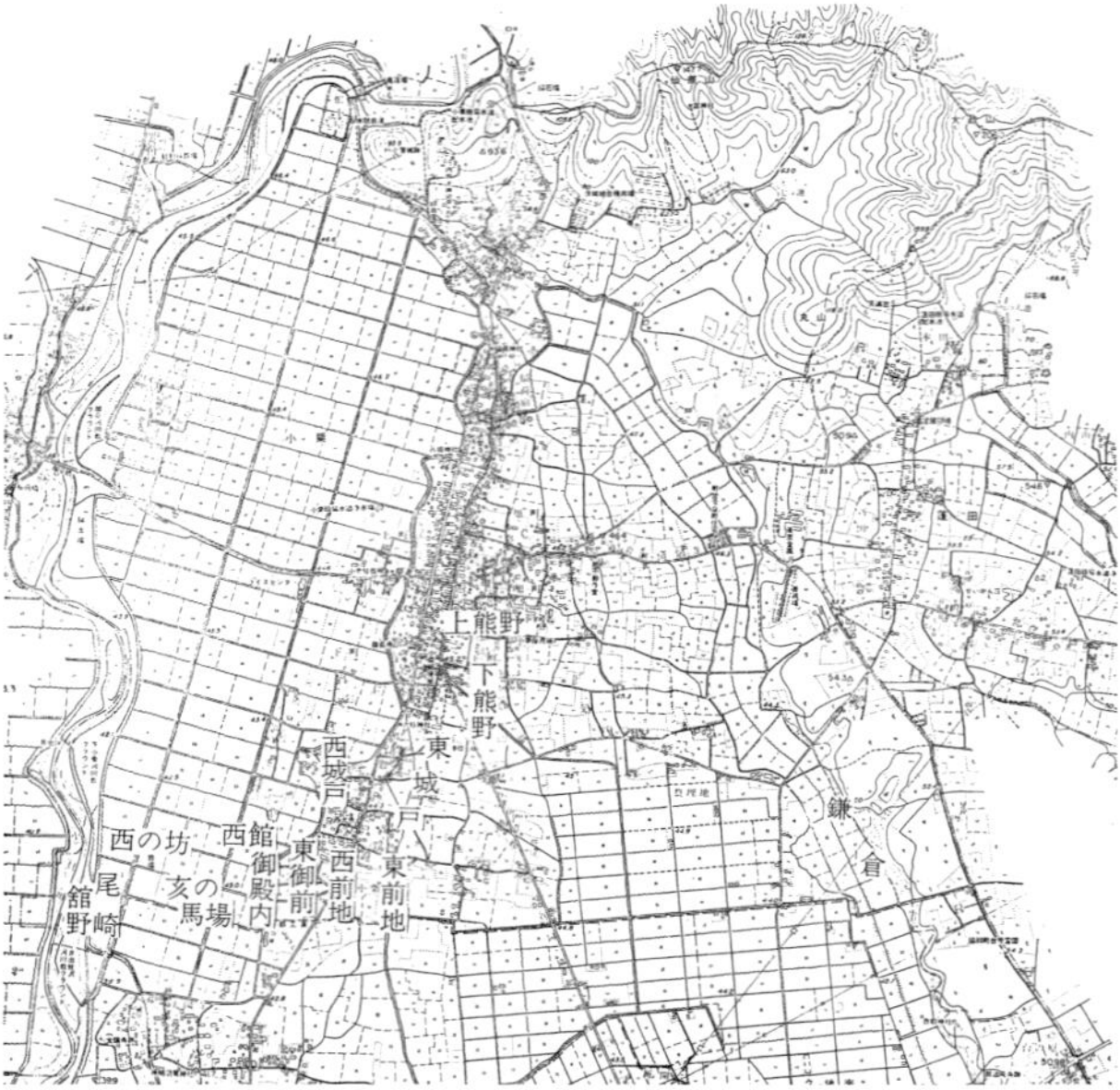

●図９　小栗御厨中心部（協和町小栗）

あったことは確実である。小貝川はこの地域で著しく乱流し、しばしば河道が変っているので、この館こそ、かつての八田館であったと見てよかろう。

小貝川は当時は小栗御厨の西を境していたと考えられるが、新治郡はこの御厨を分出したのちに、その西の現在の下館市、関城町を含む西郡、おおよそ岩瀬町にあたる中郡、笠間市と西茨城郡の一部を領域とする東郡に分れ、西郡は康治二年（一一四三）に常安保の西限が「西郡南条境」といわれていることから見て、それ以前に、北条（伊佐郡）、南条（関郡）とに分れた。弘安大田文によると、北条にはさらにまた、以東、以西の二つの単位が成立している。

このうち東郡には大淵、片庭、石井原、黒栖（来栖）の諸郷からなる便補保＝大蔵省保が成立している。鎌倉期に入り、笠間保といわれたこの保について、『新編常陸国誌』は弘安大田文に記載された「大蔵荘」を徳蔵と解し、別個の単位と見ているが、田積が同じであること、「荘」と表記されている点を考えると、これは同一の単位の重複とする方が自然である。この保の田積は弘安大田文と嘉元大田文ではかなり違っており、さきの四郷の田積も大幅にくいちがっている。弘安に見られる赤沢、吉原が嘉元に消えるのはそれらが鹿島社領となったためと見られること（「鹿島神宮文書」『茨城県史料　中世編Ⅰ』）、徳蔵が両大田文に現われないのは吉田社領だったことによると推測されることなど（「吉田神社文書」『茨城県史料 中世編II』）、東郡については二つの大田文の間の相違は大きく、田積の大きな差異もこうしたことと関係があるのかもしれないが、かなりの誤記があることは否定できない。いずれにせよ、弘安大田文では東郡の田数の四割、嘉元大田文では三分の二におよぶ大蔵省保は、成立当初から郡司と異なる領主の存在した自立的な単位であったと考えられる。そしてこの場合を含めて、いわば常陸の周縁部ともいうべき新治郡には、常陸平氏と異なる諸勢力が浸透していた。そして平氏政権と密着した常陸平氏本宗に対抗しつつ、中郡、伊佐、関などの諸氏、常陸平氏庶流の小栗氏までが、源義朝と結びついたことはさきにのべたとおりで、やがて到来する頼朝の挙兵にあたって、この地域の諸氏はそれを常陸において支えた重要な勢力となっていく。

北下総の荘園と公領

こうした現地の勢力間の対抗関係は、逆に下総の周縁部に当る北下総においても見出され、この地域にもさまざまな勢力が入り乱れていた。

常陸平氏の庶流政幹が豊田郡に進出し、下総平氏と結びつつここに本拠を置き、豊田

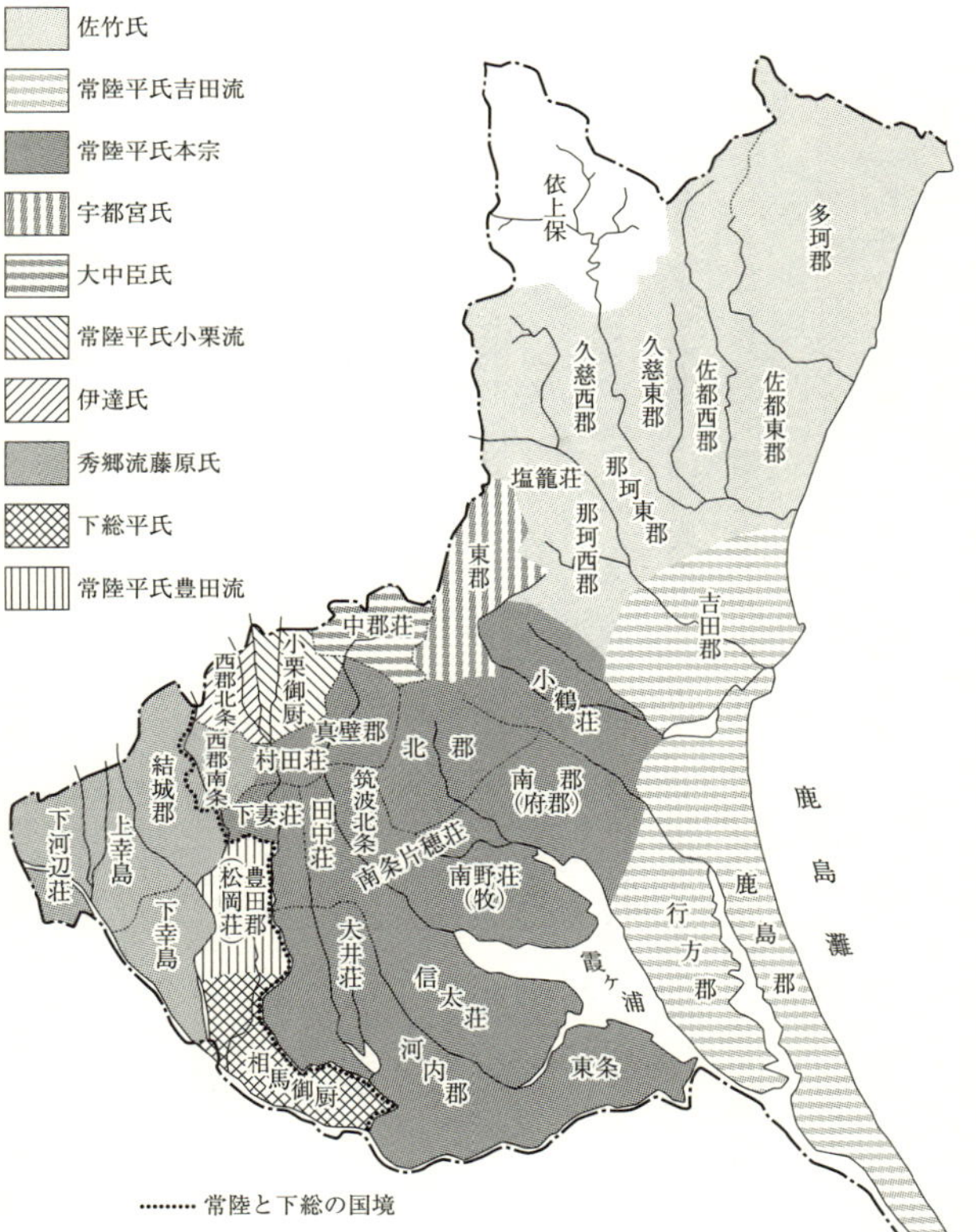

●図10　常陸・北下総荘園公領図

氏と称したことはすでにのべた。その子幹重か、孫にあたるとみられる頼幹（『源平闘諍録』）のとき、豊田氏は所領を蓮華王院に寄進し、松岡荘を立てた。承安四年（一一七四）、下妻広幹の乱行についての松岡荘からの訴えが後白河院のもとにもたらされたが（『吉記』）、このことは松岡荘の北が下妻荘と接していたことを物語るとともに、同族である広幹と頼幹との間にも摩擦のあったことを示している。

この荘の荘域を小貝川と鬼怒川によって囲まれる豊田郡東部に限定する見方もあるが、文治二年（一一八六）、「豊田庄号松岡庄」（『吾妻鏡』文治二年三月十二日条）と表記されていること、豊田荘に「同加納飯沼」が加わっている点などを考えると、豊田郡のすべてが松岡荘＝豊田荘として立荘されたものと見てよいのではなかろうか。

一方この豊田氏とも姻戚関係を保ち、平良文以来の相馬郡に対する支配を固めてきた下総平氏の立場が、平安末期、佐竹氏の進出によって危機にさらされていたことについてはさきにふれたが、もともと先祖相伝のこの郡の布瀬郷を下総権介平常重（経繁）が、伊勢の内宮に寄進して御厨としたのは大治五年（一一三〇）に遡る。ここで常重は御厨の下司職となり、地主として加地子《かじし》を得分とし、現地で寄進を仲介した源友定が預所となって、「地利上分」田地反別一斗五升、畠地反別五升の米、「土産」干雉百羽、塩曳鮭百尺を供祭物として伊勢神宮側の仲介者、口入神主権禰宜荒木田延明に貢納し、延明はその半分を供祭料の名目で一禰宜荒木田元親に渡すこととなった。

布瀬郷は小貝川以南、手賀沼以北、現在の北相馬郡の西半分から、手賀沼以北の我孫子市

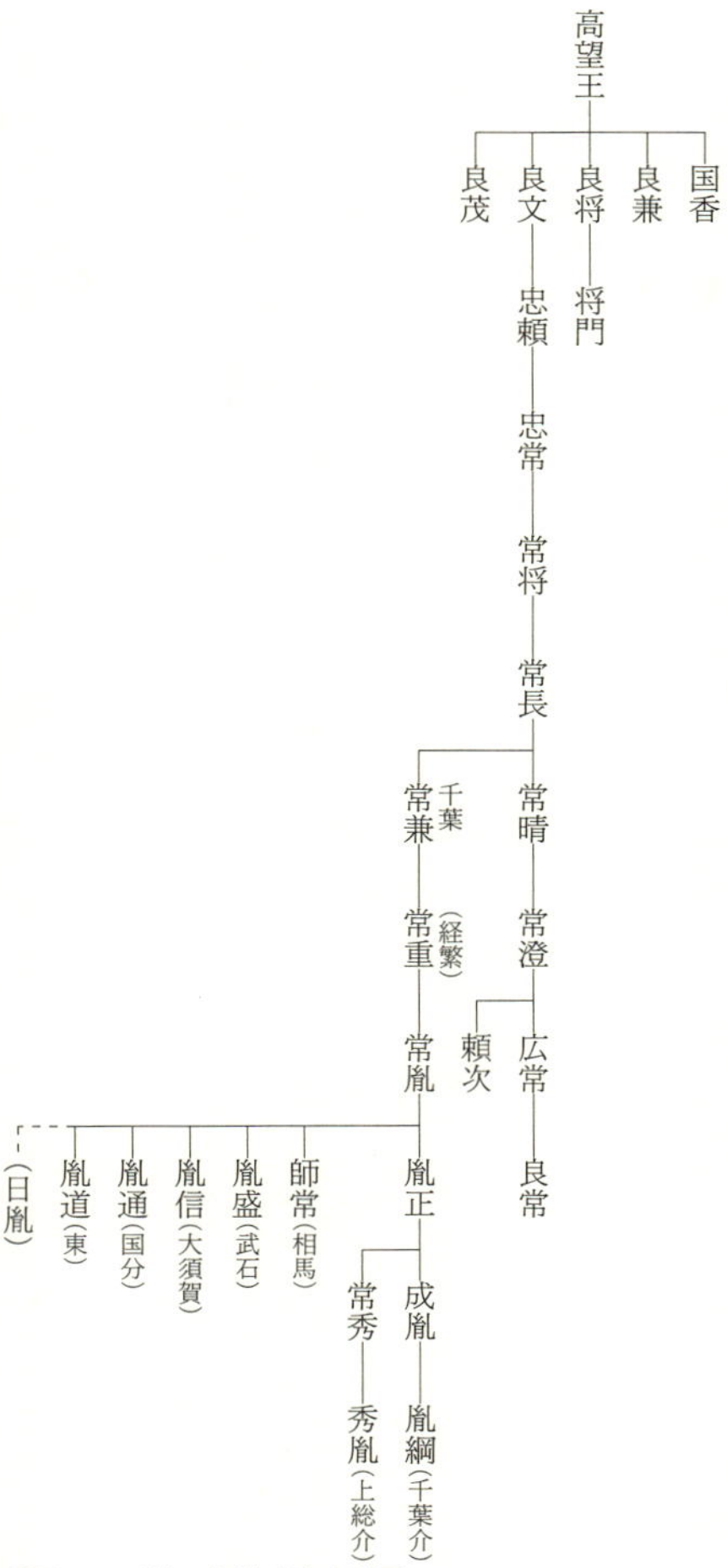

●図11　下総・上総平氏略系図

全域におよぶ地域で、これより以前、「前大蔵卿」の支配する布瀬墨崎御厨として雑公事を免除され、「別符」の地となっていたが、叔父常晴の養子となって天治元年（一一二四）六月に相馬郡を譲られた常重は、あらためてこれを相馬御厨とし、伊勢神宮の権威の下に、その支配を固めようとしたのである。

しかし常重がこの御厨の下司職を子息常胤に譲った保延元年（一一三五）二月の翌年、常重は公田官物白布七百二十六段二丈五尺五寸を未進したとして、下総守藤原親通によって召し籠められ、親通は目代紀季経に命じ、未進の代りとして相馬、立花両郷を親通に譲るという譲状を書かせ、常重を責めてそれに署判をさせた。立花郷はかつて忠常の居館があったという大友の地を含む下総平氏にとって大切な地で、のちの東荘と推定され（福田豊彦『千葉常胤』）、常重は大きな打撃を蒙った。

ここで登場するのが源義朝で、義朝は常重の従父兄上総平氏常澄の言によって、康治二年（一一四三）、常重から「圧状」（この地を常澄あるいは義朝に渡す旨の譲状か）を責め取るが、久安元年（一一四五）、あらためてさきの布瀬郷（あるいは中相馬を除くか）とほぼ同じ地を伊勢神宮に寄進する。このとき、下司職を留保して寄進状を書いた源某（源某寄進状案「櫟木文書」）は、一応義朝その人と見てよかろうが、現実に下司であったのは常澄だったのではなかろうか。

これに対し常重の子常胤は、父の未進官物を弁済すべく、上品八丈絹三十疋、下品七十疋、縫衣十二領、砂金三十二両、藍摺布上品三十段、中品五十段、上馬二疋、鞍置駄三十疋を国庫に納め、久安二年（一一四六）四月、相馬郡司に補任された。その上で、同年八月、さきの布瀬郷よりも広く、東は当時深く内陸に入りこんでいた江＝「逆川口笠貫江」、北は衣川（小貝川）を境として常陸に接し、南は手賀沼＝「手下水海」南方の南相馬を含み、「小野上大路」＝「坂東大路」にいたり、西は下河辺荘―葛飾郡、幸島郡と接する広大な地域を、御厨下司としてあらためてさきの荒木田延明（仮名正富）に付属、預所本宮御牒使清尚の下で、常胤が加地子と下司職を相伝するとの券文を伊勢神宮に進めた。こうした延明―清尚―常胤による御厨の支配と義朝―常澄の支配とが、どのように調整されたのかは明確でないが、常澄、常胤は義朝の郎従となっており、義朝の調停の下に両者の権利が御厨に並存していたのではなかろうか。常澄の子に相馬九郎常清がおり、常胤の子師常流の相馬氏の支配が南相馬に偏っていることは、さきの布瀬郷に相当する北相馬を常澄、久安の寄進で拡大した南相馬を常胤が支配したとする推測を十分支える（福田豊彦『千葉常胤』）。義朝が両者の上に立ち、御厨に具体的な権限を持っていたとすれば、それは預所―預の立場だったのではなかろうか。

しかし平治の乱による義朝の没落は御厨の体制に甚大な影響をおよぼした。前国守藤原親通が二男親盛に譲った御厨の公験（私産の効力を保証する文書）—さきに常重から親通が責めとった公験を入手した佐竹義宗は、応保元年（一一六一）、義朝—常澄、常胤の権利を真向から否定し、常胤が久安に寄進したのと同じ範囲＝相馬郡のすべてを内宮一禰宜荒木田俊定、外宮五禰宜度会彦章に寄進、御厨を内外二宮領とし、そのそれぞれに口入料百段、上分料五十段、計百五十段の四丈白布を進めることを約して、自らは預職となったのである。これに対抗した常胤は、内宮の荒木田延明に加えて外宮にも地利上分、土産を貢献することを申し出て、二所太神宮庁の判を得るとともに、延明の子明盛（顕盛）、さらには右大臣藤原公能に働きかけ、その立場の確保をはかった。明盛は当然、義宗につながる彦章と対立することになったが、長寛元年（一一六三）、神宮側は朝廷からこの御厨についての奉免宣旨を得ることに成功、一方、義宗も仁安元年（一一六六）、さきの百五十段に加えて、二季大般若経供料六十段、彦章への口入料百四十段を貢納することとし、この百四十段を代償として、明盛からその権利を彦章に避《さ》り渡す約束をとりつけた。翌仁安二年（一一六七）明盛はさらに文書、公験などの一切を彦章に渡し、彦章はこの旨を義宗に伝えている。御厨預としての義宗の立場はこれで定まり、建久三年（一一九二）の神領注文（「神宮雑書」）でも、相馬御厨は内外両宮の御厨として、義宗の沙汰するところと記されたのである。

佐竹氏はこうして北下総への進出を果すが、義宗の力は匝瑳《そうさ》北条にもおよび、三崎荘の片岡常春は佐竹忠義の婿となっており、上総介広常も佐竹氏の縁者といわれている。このように下総、上総にまで勢力を伸長しつつあった佐竹氏の下で、相馬御厨での常澄、常胤の立場はかなり屈従的なものになっていたと思われるが、こうした姻戚関係が結ばれていたことから見て、その地歩がまったく失われたとまで考える必要はない。常胤は義朝のあとをうけついだ預職義宗の下にあって、下司に准ずる立場を、ともかくも保ちつづけていたのではなかろうか（「櫟木文書」『茨城県史料　古代編』）。

一方、相馬御厨、松岡荘＝豊田郡に接する下河辺荘、幸島郡、結城郡には早くから秀郷流藤原氏が進出していた。太日川と古利根川の間の南北に長大な地域が下河辺荘として立荘された時期は明らかでないが、大田行政の子行義が元永元年（一一一八）ごろの下総守源仲政、その子頼政を通じて、鳥羽院あるいは美福門院にこの地を寄進したものと推定され、文治二年（一一八六）には八条院領であった（『吾妻鏡』文治二年三月十二日条）。

行義は下河辺を名字とし、平安末期から鎌倉初期、その子行平が荘司―下司であったが、行平の子息朝行、行時等が幸島を名字の地としているので、幸島郡も早くからその勢力圏であったと見てよかろう。また、結城郡は行義の兄小山政光の支配下にあり、行義の従父弟は関氏として常陸の西郡南条に進出している。

このように、北下総でも常陸平氏、常陸源氏佐竹氏、下総・上総平氏、秀郷流藤原氏等の諸勢力は、相互に対立、連合しつつ、その勢威を保持、拡大すべくはげしく競り合っていた。その中で、平氏政権下の平安末期、佐竹氏・常陸平氏は優位を保ち、秀郷流藤原氏はともかくその立場を維持していたが、下総・上総平氏はややもすればこれらに圧倒されがちであった。しかしこの形勢は頼朝の挙兵によって、やがて大きく逆転する。

常陸・北下総の荘園公領制の特質

以上のような、平安末期までの常陸・北下総の荘園、公領の状況を概観すると、全体としては公領がなお圧倒的であったが、荘園の中では天皇家領が広大な地域を占め、とくに八条院領が目立ち、蓮華王院領がこれにつぐ。

常陸の場合、八条院領の成立に常陸介平頼盛の寄与が大きかったことはすでにのべたが、下総の場合をふくめて、これらの荘園はみな鳥羽院政期以降、国守が現地の豪族と結んで寄進を推進した寄進地系荘園であった。そして、皇嘉門院領となった小鶴荘をはじめ、八条院領村田荘、伊勢神宮領小栗御厨の領家職を継承しつつ、鎌倉期にかけて九条家がいくつかの荘園を家領として確保していった。摂関家の中で、近衛家に比べて家領の形成に立ち遅れた九条家は、このように東国にまでその手を伸し、荘園を獲得することに努めたのである。

これに対し、寺社領荘園は畿内、西国に比べると著しく少ない。この点も東国の一つの特徴といってよいが、その中で常陸については、日吉社が片穂荘を社領として確保、鎌倉期に入って村田上郷（上荘）を妙法院門跡領として獲得するなど、山門の進出が多少とも目立ち、信太荘本郷の山王社のように、天台の教線の伸長と結びつき、日吉社の末社が片穂荘東城寺の日吉神社をはじめ、現在も行方郡永山（牛堀町）、真壁郡海老島（明野町）、下妻の中郷（下妻市）、信太荘の谷中（美浦村）等に分布している。

また伊勢神宮が常陸に小栗、下総に相馬、夏見と三か所の御厨を確立しているが、これは院政期に入ってからの、権禰宜クラスの祠官たちの活動による神宮勢力の東国進出の成果にほかならない。神宮の御厨がこの時期、急速に東国に拡大したことと、東国への海の道の安定とは切り離し難い関係にあるが、相馬御厨の布瀬郷内保村について、大治五年（一一三〇）、田畠、在家のほかに海船の注文が作られていること、小栗御厨が小貝川の舟運と深く結びついていたことなども、御厨と水上交通との関連を物語っている。

国領		社寺			荘保		
	反 歩						
多珂郡	1 534.300	大橋加津見沢	100.000	鹿島社	国井保	265.240	
久慈東郡	3 802.180	世谷	422.060	〃	石崎保	350.000	小槻氏
久慈西郡	1 335.240	鹿島郡南条	3 500.000	〃	大蔵省保(笠間)	661.000	大蔵省
那珂東郡	1 457.300	鹿島郡北条	2 889.240	〃	率分保(大沢)	374.120	率分所
那珂西郡	1 525.120	行方郡	3 308.300	〃	熊野保(酒依)	305.240	熊野社
佐都東郡	2 898.300	行方郡加納	1 463.000	〃	小栗保	3 200.000	伊勢神宮(九条家)
佐都西郡	3 563.120	橘郷	257.000		小計	5 156.240	
吉田郡	1 881.000						
東郡	370.000	小計	11 940.240		中郡荘	2 831.120	蓮華王院
真壁郡	4 170.180				信太荘	6 200.000	八条院
西郡南条(関)	1 085.300	吉田社	1 586.180	小槻氏	南野牧	6 500.000	〃
西郡北条(伊佐)	991.060	筑波社	560.060		田中荘	5 000.000	八条院(九条家)
		国分寺	130.000				
					村田荘	3 600.000	安楽寿院(九条家)
筑波北条	892.240	小計	2 276.240		下妻荘	3 700.000	〔皇室領カ〕(八条院カ)
筑波郡分	1 101.180						
河内郡	2 600.000				小鶴荘	4 000.000	九条家
信太郡東条	2 072.240				南条片穂荘	644.180	日吉社
北郡	2 724.060				大井荘	721.000	
南郡	2 925.240						
在庁名	1 544.300				小計	33 196.300	
計	38 478.120	計	14 217.120		計	38 353.180	

●表１　常陸荘園公領表

このほか田積についてはさほど比重は大きくないが、神社、官司等への負担が特定の郷などに固定された便補保がいくつか確定していることも見逃してはなるまい。神社の場合、石清水八幡宮の宇治会保、熊野社の酒依保が見られるが、伊勢神宮がいったん小栗保として手をつけた所領について、「奉免宣旨」を得て勅免の御厨としたような動きは、この場合には見出し難く、石清水八幡宮、熊野社の現地への影響はまださほど大きかったとは思われない。

荘公支配者			田数	%
			反　歩	
国領	社寺領	国領	38 478.120	42.3
		鹿島社領	11 940.240	13.1
		その他社寺	2 276.240	2.5
国領社寺領小計			52 695.240	57.9
荘保	保	官司領	1 385.120	1.5
		社領	3 505.240	3.8
		不明	265.240	0.3
	保小計		5 156.240	5.6
	荘	皇室領	27 831.120	30.6
		九条家領	4 000.000	4.4
		日吉社領	644.180	0.7
		不明	721.000	0.8
	荘小計		33 196.300	36.5
荘保小計			38 353.180	42.1
総計			91 049.060	100.0

●表2　常陸荘園支配者別田数表

また官司については、東郡の大蔵省保、筑波郡の率分所保大沢郷のほかに、「官中便補地」として官務小槻氏の所領となった吉田社、石崎保があり、とくに吉田社は官務家領として勅免地になっている。

これらの鎌倉期まで保として残った単位は、いずれも一郷ないし数郷が保に転化したもので、田積も少ないが、いったん、保として立てられた地域があらためて立荘されたさきの小栗保や常安保の場合を含めて、荘園となった単位は広大で、郡、条と同様の規模を持っている。これはその基盤となった公領のあり方に規定されているので、前にもふれたとおり、常陸・北下総の公領の基本的な単位は、古代の郡がいくつかに分割されて成立した新しい郡、あるいは条であり、中郡荘、信太荘などのように、こうした郡、条そのものが寄進されて荘園化した、いわゆる「郡荘」も少なくなかった。

郡、条、荘の内部は、郷や新たに開発された村によって構成され、名は著しく未発達で、これらの小単位の自立性は小さく、さらにその管理組織＝荘官の構成も単純であり、郡司、荘司―下司のみである場合が多い。もちろん、前述したように、国府や鹿島社、吉田社等の有力な神社の周辺には別名が成立しており、吉田社に田所、那珂東郡には公文が見出され、真壁荘には平民百姓名も見られるが、大局的に見ればそれは一部にとどまる。そして在庁名をふくめ、こうした別名で、その田畠が郡・条をまたがっている場合はまったく見出すことができない。

これは畿内、西国の荘園、公領が『倭名類聚抄』の郷、あるいはさらに小規模な別名を単位とし、下司、公文、田所などの荘官組織の下に「平民百姓」名が結ばれ、その田畠も、ときに郡、郷をこえて広く散在しているのと比べると、著しく異なっており、そこに東国の一国としての常陸、下総の個性がはっきりと現われている。荘園、公領の形態に見られるこうした特色の背後に、それを生み出し、支えているこの地域の社会の特質があることは、いうまでもない。それは端的にいって、別名の領主になるような中小領主や「平民百姓」に対して、常陸平氏、秀郷流藤原氏などの豪族的領主、さらには佐竹氏のような棟梁的な領主が圧倒的な優位を占めているという点にある。

長年にわたる郡司としての請負と、その間の開発を通して、郡、条を私領として相伝するようになったこれらの領主たちは、公田に賦課される官物、雑役―年貢、公事を国守、荘園支配者に貢納する義務を負うとともに、相馬御厨における千葉常重、常胤のように、公田から加地子を徴収し、得分とすることを保証されていた。とくにその館を中心とした堀内は、国守などの検注を拒否し、検注使の馬の鼻も向けさせないといわれるほどの強い権利を持った領主の拠点であり、信太荘の例で見たように、それと結びついた神社、寺院が建てられ、それ自体、郡、条、荘の政庁＝政所としての機能も持っていた。

そして郡、条、荘の内の郷、村には、領主の一族や家人・郎従が分布し、いったんことあるときには惣領―主人に率いられて強力な軍事力を発揮した。たとえば佐竹氏の下には、のちに御家人とされたという岩瀬与一太郎のような家人がいたが、豪族的領主の下にも、郷、村を基盤とするこうした中小領主が多数いたことは確実である。

千葉常胤が国庫に弁進した多様な物品は、その富裕さをよく物語っているが、その中に上馬、鞍置駄が見られたように、常陸・北下総には信太牧、南野牧など、古くからの牧があり、そこで飼育された馬を基盤に領主たちは騎馬の大軍団を組織していた。さらに布瀬郷に見られたような「海船」も、広大な海、江をかかえるこの地域では、領主にとって、その機動力を支え、交易による物資の入手のための不可欠な交通手段であった。

後年、富士川の戦いの前に、大将平維盛に対し、斎藤実盛が東国の大名は部下の少ないものでも五百騎を下るものはないと答えて、その心胆を寒からしめたが、それはこうした豪族的領主の騎馬軍団だったのである。しかし西国、たとえば若狭では、中小領主が公的に認められた別名の領主として、姻戚関係などによって相互に独自な横の連合を結んでいるが、常陸、下総においては、こうした動きをほとんど見出すことができない。「おやもうたれよ、子もうたれよ、死ぬればのりこへ〳〵たゝかふ候」といった実盛の言葉どおり、惣領であり、主人である棟梁的、豪族的領主に対し、一族や家人は固く縦の主従関係によって結ばれて戦った。平安末期、公的な郡、条、荘の官物、年貢の請負が、基本的に豪族的領主の名によって行われ、その一族、家人がほとんど姿を見せないのは、こうした社会関係の現われにほかならない。このような東国社会の特質を、これまでは畿内、西国に対して、未開、後進的ととらえる見方が強かったが、むしろこれは、はるかに古く縄文時代にまで遡る東日本と西日本の社会構造、体質の相違と見る方が適当と思われる（網野善彦『東と西の語る日本の歴史』）。このように東国―常陸・北下総の社会にも、それなりの長い歴史を背景とした強い個性のあったことを、われわれは知っておく必要がある。

それはこれらの領主たちの請け負った官物、年貢にも現われており、常陸、下総の荘園、公領の年貢は、ともに西国と異なり、米ではなかった。常陸の場合、村田上荘、同下荘は国絹二十五疋、綿百五十両、六丈紬布六段三丈、四丈白布五十反、弘紙五帖、油一石二斗五升（「安楽寿院古文書」）、信太荘は国絹八丈絹三百疋、仕丁六人（『東寺文書之二』）、成田荘は国絹二百疋（「最勝光院領目録」）を貢納し、吉田社についても「郷々年貢絹」（「吉田神社文書」『茨

城県史料 中世編Ⅱ』)、下妻荘も「御年貢絹綿」(『九条家文書』) といわれており、年貢は基本的に絹、綿であった。

下総の場合も、松岡荘は鎌倉初期、国絹五十疋、綿二百両 (『門葉記』二)、あるいは国絹七十疋、綿二百両 (「華頂要略」五五) を所当とし、相馬御厨では前述したように四丈白布が官物であり、正治元年 (一一九九) 二所太神宮に四丈准白布六百四十段を上分として送っている (「櫟木文書」『茨城県史料 古代編』)。

これらの事例によって絹、綿、布などの繊維製品が常陸・下総の年貢、官物だったことは明らかで、これは東国諸国に共通したあり方であった。実際、常陸については『新猿楽記』が「常陸綾」、『庭訓往来』も「常陸紬」といっているように、後年まで高級な絹が名産として広く知られており、両国を通じて早くから養蚕が広く行われ、すぐれた織物の技術があったことは間違いない。その点をふくめて、この地域では台地上の畠地が、山林・牧野とともに、このころから人々の日常生活に重要な意味を持っていたことは、十分推測しうるので、ここにも両国の東国的な特質がよく現われている。

さらに相馬御厨の土産に、鮭、雉があげられ、吉田社領の在家役が布と干鳥であったことからも知られる通り、川を上る鮭をはじめ、入海、入江における漁撈、捕鳥もまた、この地域の人々の生活に、かなりの比重を持っていた。

豪族的領主の郡、条、荘に対する支配は、このような多様な基盤の上に成り立っていた。しかし平安末期の相馬御厨における常重、常胤の事例がよく物語っているように、請け負った官物を未進すると、領主はたちまち国守、目代によってその身を召し籠められ、相伝の私領を失う危険にさらされたのである。また、主とたのむ棟梁が没落すれば、長年築きあげた現地での地位を、一朝にして失うことにもなった。それ故、領主たちはみな、国守等を通じて現地におよんでくる京都の政情に敏感であり、平氏政権のころには制度的にも整備されたといわれる京都の大番役―内裏の警衛に動員され、上京するときなどを含めて、たえず京都からの情報の入手をはかり、その立場をたもつために懸命であった。

ただ、常陸についてみると、このころの国衙の国全体に対する支配は、さほど行き届いていたとは思われない。奥七郡は佐竹氏の支配下にあって、あたかも別の国の如き様相を示しており、常陸南部を押える常陸平氏も、国衙機構の中に安定した地位を得ていたとはいい切れない。結局、目代、税所などの在庁官人は、強大な豪族を媒介とすることなしには、国に対する支配をおよぼすことができなかった。それ故、常陸の場合、国としてのまとまりが弱く、大きく南北に分れ、さらにいくつかの郡ごとの地域に分れることとなっている。そしてそうした常陸の特質は、神社のあり方を通じてもよく知ることができるのである。

五　神社の中世的再編成

荘園・公領制下の寺社

荘園公領制の形成とともに、寺社の中世的な体制への転換も、諸豪族の消長と密接な関係を持ちつつ進行していった。

鹿島社は嘉祥三年（八五〇）には正一位の神階を与えられて、十世紀以降も藤原氏の氏社として毎年、鹿島使が発遣されるなど、京都の朝廷、摂関家と密接な関係を保ちつつ、国衙在庁、常陸平氏とも結びつき、常陸の一宮としての地歩を確立していった。これに対し、九世紀の神階では、吉田社、筑波社、佐都社につぐ序列にあった静社は、恐らく佐竹氏の奥七郡支配の進行とかかわりつつその地位を高め、国の二宮となっていったのである。鹿島社も奥郡にその力をおよぼしてはいるが、その地盤は大きく南に偏っているのに対し、静社はいわば常陸北部の中心的な神社となっていった。

そしていわば南北常陸の境、常陸平氏と佐竹氏の接点に位置する吉田社は、静社に九世紀当時の第二番目の序列を奪われはしたが、官務小槻氏とつながり、「官中便補地」となることによって、三宮の地位を確保している。

一方、古代以来の名社筑波社は、本納二十四丁五段余と加納三十一町四段余を加え計五十六町六十歩の社領を保持し、筑波郡の中で大きな地歩を占めているとはいえ、常陸全体からみると、九世紀に比べてその序列は低下している。そして記載様式の問題はあるとはいえ、大田文にその社領を記載されているその他の神社は、東郷の稲田社十七町小、真壁郡の大国玉社三十町九段大のみにとどまっている。もちろん九世紀に現われる酒烈礒前社、佐都社等もそれぞれの郡において重要な位置を占め、後年、信太荘において木原、竹来両社は「庄内第一の惣廟なり」(「円密院文書」『茨城県史料　中世編Ⅰ』)と述べられているように、各郡、条、荘にはその精神的中心となる神社が存在したことは事実であるが、常陸の神社の序列が、古代と比べて大きく変化したことは間違いない。

こうした状況の中で、国衙留守所と不可分の関係を持ちつつ、国府近傍に総社が新たに造営された。治承三年(一一七九)五月の総社造営注文案(「常陸国総社宮文書」『茨城県史料　中世編Ⅰ』)によると、総社のさまざまな建物の造営を、筑波社、吉田社、佐都社、静社、稲田社、竹来社、大国玉社をはじめ、北郡の菅間、片野、田子共の諸郷、それに別名の大橋郷などが負担しており、総社が一応、国の諸社を総括する性格を持っていたことを知りうる。また鎌倉期に入って見出される、神主、物申、一巫、二巫、五位職、供僧、最勝講衆なども、平安末期まで遡ることはできよう。

とはいえ、こうした諸社による造営が果してどの程度まで行われたか、後年の状況からみて疑問があり、また神主清原氏が存庁を兼ねているのをはじめ、これらの人々の所領はみな在庁名に含まれている。そしてその国衙在庁が、国全体に対して十分な支配力をおよぼしえていないとすれば、総社による諸社の総括も、過大に見るわけにはいかないので、やがて総社が鹿島社の支配下に入っていく萌芽は、すでに平安末期に十分萌していたと見なくてはなるまい。

一方、奈良時代以来の国分寺は、弘安大田文に十三町の田地を保持し、嘉元大田文では勅免地に入っており、中世に入っても国府の近傍にあって、それなりに独自な機能を果していた。しかしその寺領は狭少であり、その役割も決して大きかったとはいえない。

これに関連して注目すべきは、西国の他の大田文―たとえば若狭、但馬、丹後などと比べ、常陸においては寺院が独自の単位として登場する割合がきわめて小さいことで、わずかに真壁郡の源法寺――これも地名化している可能性が大きい――を見出すのみである。このほか南条片穂荘内に重要な比重を占めた東城寺があり、鹿島社の神宮寺、護国院等々、注目すべき寺院は多いが、古代の寺院が多くは廃寺となって、中世にまでどの程度継続していたかどうか疑問と見られることと、この事実は照応するのかもしれない。こうした事情から寺院についでは、ほとんど状況を知りえないので、古代から中世への転換過程を多少ともたどりうるのは鹿島社と吉田社のみにとどまる。

鹿島社の中世への転換

古代の鹿島社の神官としては宝亀十一年（七八〇）祝中臣鹿島連大宗、天長十年（八三三）に同じく祝中臣鹿島臣川上の名が見える。また弘仁十一年（八二〇）には祝とともに禰宜、承和三年（八三六）に神宮司、同十二年（八四五）に権宮司、さらに長保元年（九九九）に大中臣公鑒、同四年および寛弘四年（一〇〇七）に大中臣公利、長和四年（一〇一五）に大中臣隆職が、それぞれ官符によって鹿島宮司に補任されている。これによって宮司、権宮司、祝、禰宜のいたことを知りうるが、大宮司、大禰宜の呼称は現われない（『茨城県史　原始古代編』参照）。

一方、鎌倉後期の前大宮司大中臣景幸の主張によると、延暦十六年（七九七）、大中臣清麿の子清時が大宮司に補任されたのをその最初として、以後三百余歳、異姓他人を交えず大中臣氏が大宮司に補任されたとする（「勘仲記永仁二年正月巻紙背文書」）。長保以後に見られる大中臣氏の宮司補任がその一端を示すものと思われるが、当時はまだ公式には大宮司の呼称は用いられなかった。

景幸はさらに、大禰宜中臣則成の次男則助が、神護景雲年中（七六七―七〇）に中臣氏が大宮司に補任された例のあることを根拠に大宮司に望み補され、以後、系図を謀作し、権門に属して交り補されるようになったとのべて、中臣氏の大宮司補任の不当を強く訴えている。これに中臣氏側の所伝（「中臣鹿島連姓鹿島氏系譜」）を加えてみると、則助が宮司となったのは長元五年（一〇三二）と推定され、その子則綱がこれを受け継ぎ、則綱の孫則景のときにはじめて大宮司と称したものと思われる。一方、則綱の弟成綱は大禰宜職となり、ここで中臣氏は両流に分れ、大宮司、大禰宜両職を世襲したことになっている。

しかし大宮司職については、景幸が寛治元年（一〇八七）、助忠が相伝の証文を紛失したときに与えられた「御外題」をはじめ、寛治二年（一〇八八）に則忠、天仁元年（一一〇八）に忠景、保安三年（一一二二）、大治元年（一一二六）、保延四年（一一三八）、天養元年（一一四四）に助景を大宮司に補任した官符、保延四年、康治元年（一一四二）、久安三年（一一四七）、仁安元年（一一六六）、承安元年（一一七一）に同じく助景をこの職に補任した摂関家政所下文を提出している点から見て、大中臣、中臣両氏が争いつつ、交互に補任されていたとすべきであろう。

これに対し、大禰宜職については中臣氏が世襲したことは確実であり、十一世紀半ごろから大中臣氏の地位がゆらぎ、中臣氏が鹿島社内部で台頭してきたことは間違いない。それは、古代以来の神戸、神賤などを基礎にして、律令制に依存していた鹿島社の体制の維持が困難になり、大宮司の補任が保延四年（一一三八）以降、官符に代って摂関家政所下文で行われたことが示すとおり、京都では摂関家とのかかわりが一層深まるとともに、現地では大宮司、大禰宜、大祝部、物忌、案主等々の神官たちの職が、それぞれに付属する所領（職領）とともに特定の一族に世襲される新たな中世的体制の成立してゆく過程でおこった変動にほかならない。

そして、どちらかといえば京都の朝廷とのかかわりや、摂関家との結びつきを志向する大中臣氏に対し、中臣氏は摂関家のみにとどまらず、国衙在庁、現地の諸勢力と結びつく方向を積極的に模索することによって、時代の流れにのり、鹿島社の中で主導権を確立していった。実際、大宮司は「宮地、宮領、神田、渡田、御供従料、幣馬、幣牛、立網、引網」のような伝統的な所領を知行し、「一社の惣官」として、大同二年（八〇七）の永宣旨（摂政左大臣九条教実家政所下文案「鹿島神宮文書」『茨城県史料 中世編Ⅰ』、諸神官補任之記では大同三年）にもとづき、神官を任符によって補任する権限を持っていたが、それだけに京都の朝廷に縛られる一面を持っていたのに対し、大禰宜は大宮司不参のときにはそれに代る職であり、大宮司とともに神体にもかかわりうる役として、現地により密着しうる立場にあった。それ故、中臣氏は大禰宜職の世襲を強く固め、大宮司職についても大中臣氏と争いつつ、優位に立とうとした。こうした中臣氏の動きの中で、鹿島社自体、藤原氏の氏社というだけでなく、この地域に根を下した常陸一宮としての地歩を固め、中世的神社に転生していった。

神官は、大宮司が豊野、赤見、神野屋敷（「鹿島神宮文書」『茨城県史料 中世編Ⅰ』）、大禰宜が屋敷・用重名、権祝が屋敷・弘富名（「勘仲記弘安七年九月巻紙背文書」）を知行したように、館、屋敷を中核とし、それぞれ別名を職領として保持していた。大禰宜はこのほか、行方郡内の神領＝本納を所領としていたが、十二世紀に入ると国衙からの所領寄進を得て、急速にその基礎をひろげていった。

まず保延五年（一一三九）、行方郡加納の郷々（麻生、大生、延方等）が、金泥大般若経書写料所、日次御供料所として寄進され（「塙不二丸氏所蔵文書」『茨城県史料 中世編Ⅰ』）、ついで承安四年（一一七四）、国司庁宣によって、南郡の橘郷が日次御供不足料所として、寄進されるとともに、大禰宜則親の知行下に置かれた（「鹿島神宮文書」『茨城県史料 中世編Ⅰ』）。橘郷は十一、十二両月の御供料所とされているので、一月から十月までのそれは、行方郡本納、加納の郷々にあてられていたのであろう。南郡大枝郷が大般若経奉読料所として寄進されたのも、このころのことと思われる。こうした国衙による所領寄進を通じて、大禰宜を中心とする鹿島社の経済的基盤は飛躍的に強化されたが、このときの寄進の契機が、金泥大般若経の書写と読誦だった点に注意しておく必要がある。国衙と大禰宜とを直接媒介した契機の一つは、この大般若経であった。そしてこのような所領寄進を鹿島社側で推進したのが、大禰宜中臣則親であった。則親は鹿島社のみにとどまらず、藤原頼長に接近、香取社領葛原牧内織幡、小野両村を与えられたのである。保元の乱による頼長の失脚によってこの企ては失敗に終っているが（「香取文書」）、則親はこれに屈せず、鹿島社内部での地歩を固めていった。

ただ橘郷には、鹿島社への寄進以前に、国井源八政広が屋敷を持ち、仁安二年（一一六七）、同三年、留守所によって万雑事を免除されており、さらに安元元年（一一七五）、南郡郡司下妻広幹が橘郷、吉景郷に乱妨し、則親の訴えにより、その妨および「広幹地頭の沙汰」を停止する国司庁宣が二回にわたって発せられている。そして治承四年（一一八〇）、橘郷を鹿島神領とし、則親の知行とする留守所下文があらためて下った（「鹿島神宮文書」『茨城県史料 中世編I』）。そこに「恒例除田」は依違あるべからずとあるのが、あるいは郡司広幹、または政広にかかわる問題かとも思われ、のちの紛争の種は残されたとはいえ、平氏政権下にあっても鹿島社における則親の立場はゆるぐことなく維持されている。

ただ注目すべきことは、香取社領に対する則親の進出を退けた香取社大禰宜実房とその子惟房のとき、応保・長寛（一一六一―六五）、治承（一一七七―八一）のころ、香取社がその神祭物を貢献する常陸、下総の海夫を入海の縁辺部―現在の霞ケ浦、北浦、利根川辺に設定、組織することに成功している点である。津々に小集団をなして散在するこれらの海夫たちは、入海での漁撈を通じて香取社に供祭物を貢納するとともに、交通上の特権を保証されたものと推定され、さきにふれた手賀水海の海船などとともに、この辺の水上交通の担い手として、重要な役割を果した。

しかし海夫の津々は鹿島社の近辺、鹿島・行方郡、信太東条、信太荘に広く分布している。立網、引網を知行し、入海での漁撈にかかわりを持つとともに、国衙の国津高浜（石岡市）と舟運で密接に結びついていたに相違ないこの時期の鹿島社が、なぜ香取社のこうした進出

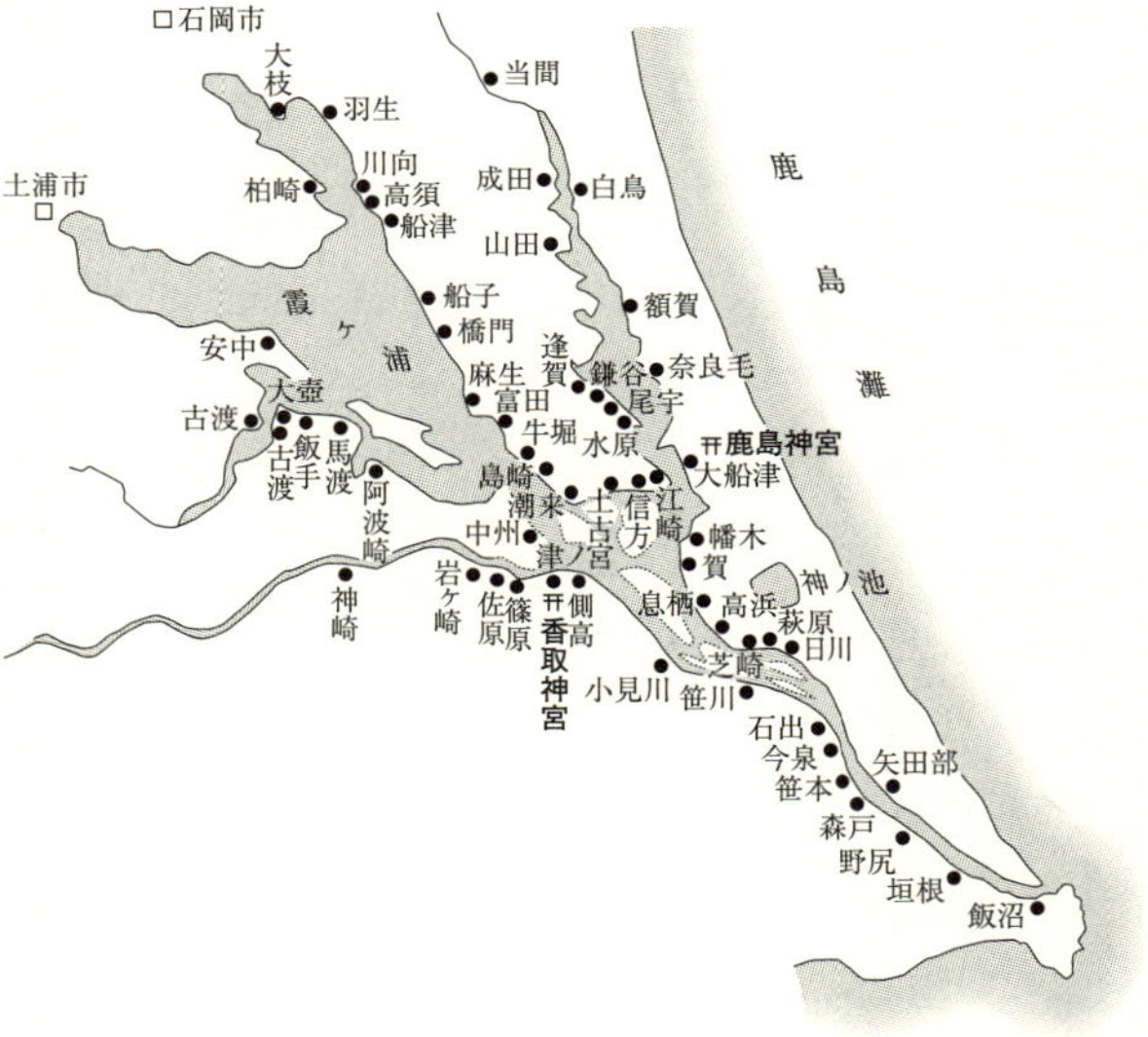
石岡市
土浦市
大枝
羽生
当間
川向
柏崎
高須
船津
成田
白鳥
山田
鹿
島
灘
霞
ヶ
浦
船子
橋門
額賀
安中
逢賀
鎌谷
奈良毛
麻生
尾宇
大壺
古渡
富田
牛堀
水原
鹿島神宮
飯手
馬渡
古渡
阿波崎
島崎
大船津
潮来
土古宮
信方
江崎
中州
幡木
賀
津ノ宮
岩ケ崎
佐原
篠原
香取神宮
側高
神崎
神ノ池
息栖
高浜
萩原
日川
芝崎
小見川
笹川
石出
今泉
矢田部
笹本
森戸
野尻
垣根
飯沼

●図12　海夫の分布図

を許したのかは、大きな疑問といわなくてはならない。ただ香取社の支配のおよんでいない津が入海の西部に多く、そこに鹿島社の手がのびていた可能性はあり、また海夫が両社に兼属していたとも考えられるが、鹿島社の足もとの大船津まで、香取社の支配下に入っていることは注目すべきで、則親の香取社領進出の失敗に対する反動が、あるいはここに現われているのかもしれない。このように入海の支配については香取社に先んじられたとはいえ、鹿島社と国衙とのつながりは、所領の寄進だけでなく、祭礼行事を通じても切り離し難いものになっていた。

鹿島社の七月大祭は、古くは勅使が京都から下向してきたが、平安後期以降、常陸大掾が官途を与えられて勅使に准ずる大使を勤め、神官、在庁列座の中で祭が行われるようになったといわれる（『茨城県史　中世編』第八章第三節参照）。これは鎌倉後期の所伝であり、常陸大掾がまだ常陸平氏の世襲と定まっていないこの時期、直ちにこの祭を常陸平氏と結びつけるわけにはいかない。しかし七月大祭が平安末期、大掾をはじめとする国衙在庁と、主として国の南半部の諸郡によって支えられたことは認めてよかろう。これに対し南北朝初期、二月、十一月の祭礼は奥七郡の地頭、名主の役で、総社神主・在庁清原氏が奉行しており（「常陸国総社宮文書」『茨城県史料　中世編Ⅰ』）、この二度の祭礼が奥七郡の負担によって行われたことは、やはり平安末期に遡りうるであろう（水谷類「鹿島社大使役と常陸大掾氏」『茨城県史研究』四二号）。また、鹿島社は奥七郡からの「毎月御上日料籾佰二拾石」の納入という主張を持っており、その神田も国の各地に散在し、造営役も一国的な賦課が行われたと思われる。常陸一宮としての鹿島社の立場は、こうして平安末期には整えられたが、さきの奥七郡からの籾の納入のために、鎌倉期に入ってから、鹿島社が様式の整わぬ文書を新たに作成しなくてはならなかった事情を考えると（新田英治「鹿島神宮文書雑感――『吾妻鏡』所載文治三年十月二十九日政所下文を中心に」『茨城県史研究』一八号）、奥郡に対するその影響力は決して強いものではなかったといわざるをえない。その傾向はときとともに増大し、鹿島社は次第に常陸南半部に重心を移すようになっていった。これに対し、常陸北半部―とくに久慈郡の中心になった静社が二宮となった経緯については、佐竹氏の寄与があったことを推測しうるのみである。

吉田社と官務小槻氏

この二社の勢力の境界にあった吉田社の場合、寛治四年（一〇九〇）の宣旨（「吉田神社文書」『茨城県史料 中世編II』）によって、貞観十四年（八七二）の新羅海賊のときに与えられた祭会料、諸雑舎修理料租穀八百三十束を保証され、古代の形を保っているが、吉田郡司となった常陸平氏清幹流の浸透とともに、前述したような変化が現われる。長承年中（一一三二―三五）、国守知通のとき、長年、社務を掌握してきた宮司（禰宜ともいう）吉美侯氏が、在庁官人による国役の賦課、郡郷諸人による神境の押妨を排除すべく、社務、社領を左大史小槻政重に寄付したのである（『壬生家文書』）。政重はこれを太政官厨家の所領―「官中便補地」とし、その嫡子師経、次男永業が官務としてこれを継承するが、さらにその弟隆職の知行したとき、承安二年（一一七二）、社司の解状に応じて発せられた官宣旨（「吉田神社文書」『茨城県史料 中世編Ⅱ』）によって、国守の交替のときの「代始大神宝祝使役」「五躰御下祓役」等の賦課の停止、勅事・国役の免除を保証され、隆職の子孫相伝が認められた。嘉元大田文に記された吉田社百五十八町六反半が勅免地となったのは、まさしくこのときのことであった。

こうした社領を基礎としつつ、吉田社の造営は吉田郡、那珂郡の負担で行われ、とくに那珂東西両郡には、その「御供料籾」が賦課されている。神事のごく一部が笠間郡徳蔵、赤沢の負担になっているとはいえ、吉田郡はもっぱら吉田・那珂東西の三郡を基盤とした「国内第三之鎮主(守)」＝三宮としての立場をこのころには固めていた。

しかし鹿島社の場合と同様、ここでもこうした転換を推進したのは、古くからの宮司吉美侯氏ではなく、その次の地位にあった大祝大舎人氏であった。中でも権祝として田所を兼ねた大舎人貞恒がその主役だったと思われ、その子孫は鎌倉期を通じて吉田社の実権を掌握してゆく。こうして十一、二世紀、諸勢力の競合の中で、常陸・北下総では中世的な土地制度＝荘園公領制が東国的特質を顕著に示しつつ、ほぼその形をなし、寺社もまた中世的体制への転生をなしとげつつあった。十二世紀末の内乱は、さらにそれを一挙に推し進めたのである。

第二章　鎌倉時代の常陸・北下総

一　鎌倉幕府の成立

源頼朝の挙兵

治承四年（一一八〇）八月十七日、平治の乱後、伊豆で流人の生活をつづけてきた源頼朝は、舅北条時政をはじめ、土肥、岡崎、宇佐美、佐々木等々、腹心の家人たちを動員、伊豆の目代山木兼隆を攻撃した。治承・寿永の内乱の幕はここに切って落され、常陸、下総もその渦中に突入する。

頼朝の蜂起は、すでにこの年五月、挙兵に失敗し敗死していた以仁王の令旨―自らを天皇として位置づけ、仏敵平氏追罰を使命とする最勝王を自称し、その意志の表明を「勅」と称した以仁王の「宣」をよりどころとしていた。おのずとそれは、新皇平将門の敗北以来、長い間にわたって雌伏していた東国の豪族的武士たちに、新たな権力―新国家樹立に向ってのの希望をかきたてる契機ともなったのである（佐藤進一『日本の中世国家』）。

兼隆を討って幸先のよい出発をしたものの、頼朝は石橋山で大庭景親の率いる平氏方の軍勢と戦って完敗、苦闘の末、ようやく真名鶴から船で安房にわたり、相模の三浦氏の軍勢と合体した。やがて千葉常胤が、やや遅れて上総広常が下総、上総の軍勢を率いてその軍に加わり、本拠地と定めた鎌倉に入るまでに、甲斐源氏、常陸、下野、上野の軍勢を加え、頼朝の軍は五万騎におよぶ大軍にふくれ上っていた。

平氏政権の力のおよんでいた伊豆の国衙の目代を討ち、さらに東国の在庁を統轄する立場に立つ千葉氏、上総氏、三浦氏、小山氏などの豪族たちを従えて、国衙機構を押えた頼朝は、東国の人々にとってはまさしく将門の再来―広常の感想によればそれ以上の人物と見られていた。実際、頼朝自身、以仁王をなお生存しているものとし、これを「新皇」としていただく形をとることによって、東国の武士の結束をはかっていたのである。

しかしその間にあって、北下総の雄下河辺行平は早くから頼朝に意を通じていたが、常陸の場合、たまたま在京していた佐竹隆義は平氏に従い、弟忠義、子息秀義も現地にあって平氏方に立ち、常陸平氏の下妻四郎広幹、東条五郎貞幹、鹿島権守成幹、小栗十郎重成、豊田太郎頼幹をはじめとする二万騎の常陸の軍勢は佐竹忠義を大将軍として、頼朝を討つべく下野に発向していた（『源平闘諍録』）。

一方、平氏は頼朝を追討すべく、維盛を大将軍として大軍を東国に向わせたが、常陸国住人佐谷次郎義幹は上総の印東常茂《（義）》とともに、その先陣押領使となっている。前述した通り、佐谷（千代田村）は常陸平氏本宗の本拠の一つとなっており、「次郎」といわれているが、これは多気義幹その人であったと見てよかろう（野口実『坂東武士団の成立と発展』・『源平闘諍録』）。

このように、東国諸国の大方の動向に対し、常陸のほぼ全域を押える常陸源氏佐竹氏と常陸平氏諸流のほとんどが、東国の覇者となりつつある頼朝に敵対し、平氏方に立ったのである。中世の常陸のあり方は、その主流的勢力の示したこの選択によって、決定的に規定されたといってよい。

富士川での源平の戦いは頼朝の大勝利に終った。敗走する維盛を追って上洛しようとする頼朝を押え、千葉常胤、三浦義澄、上総広常たちは、常陸に敵対する佐竹義政、秀義のあることを説いて、鎌倉に戻ることを強くすすめた。頼朝はこれに従い、東国の地盤を固める道を選んだのである。

佐竹氏の敗北

相模の国府に帰った頼朝は、下河辺行平に下河辺荘の荘司―下司職を安堵したのをはじめ、北条時政や常胤、広常等の家人たちに新恩を与えたのち、席の暖まる間もなく、治承四年（一一八〇）十月二十七日、常陸に向って進発した。この日は頼朝の「衰日」に当り、日次《ひなみ》が悪かったが、四月二十七日に頼朝の東国領掌のよりどころとなる以仁王の令旨が到着したことを理由に、周囲の反対を押し切って頼朝は出発している。

十一月四日、常陸国府に到着した頼朝は、まず佐竹氏の縁者に当る上総広常を通じて、佐竹氏の動向を打診する。佐竹義政はこの広常の誘いに応じ、南郡の園部川にかかる大矢橋（石岡市）まで来たところ、橋の中央で広常に殺された。義政に従った佐竹氏の軍勢は、あるものは頼朝に帰伏、他のものは逃げ去った。

しかし秀義は父隆義が平氏方にあることを理由に金砂城（金砂郷村）に引き籠り、敵対の意志を明らかにした。常陸平氏がこの中でいかなる行動をとったかは明らかでないが、小栗重成が頼朝方に立ったのみで、他の諸流は恐らく日和見の姿勢をとるにとどまったと思われる。

天嶮によった金砂城の守りは固く、頼朝の軍勢のその日の攻撃は失敗に終った。正面攻撃の非を知った広常は翌五日、縁をたどって秀義の叔父佐竹蔵人義季に内通をすすめ、これに応じて義季は広常とともに、金砂城の背後にまわって鯨波《とき》の声をあげた。内部の裏切に周章した佐竹軍は潰滅し、秀義は深山に逃亡、多珂郡の花園城（北茨城市）に退去した。十一世紀後半以来、奥七郡に勢威を振った佐竹氏の支配はこうして崩壊した。七日、十郎蔵人行家と浮島にいた頼朝の叔父、志田（太）三郎先生義広（義憲）が常陸の国府に来て、頼朝に謁している。義広は源氏の一族として、常陸平氏の動向を左右するだけの独自な勢威を持ち、自らも棟梁となる野望を持っていたと思われるので、この会見は、義広がなお独自な立場を保ちつつも、頼朝による常陸支配の貫徹を、一応認めたことを意味する。

この日、頼朝は佐竹義季を内応の功により御家人として認め、翌八日、奥七郡をはじめ太田、糟田《ぬかだ》、酒出等の秀義の所領を没収、これを有力御家人に恩賞地として与えた。推測をまじえて、このとき奥七郡の地頭となった御家人をあげてみると、まず多珂郡は宇佐美祐茂、久慈東・西郡は二階堂行村、佐都東郡は宇佐美（大見）平太政光、佐都西郡は佐伯実盛（伊賀光季の叔父）、那珂東・西郡はともに中郡氏の一族で六浦荘を与えられた大中臣実経の子息上総中三左衛門尉実久が、それぞれ郡の惣地頭となったものと思われる。また那珂西郡の塩籠荘は和田氏に与えられ、佐竹義季は恐らく佐竹氏の本領を保持し、佐竹氏の家人岩瀬与一太郎も、歯に衣をきせることなく頼朝の佐竹征討を誤とする直言をしたことを賞せられ、御家人に列せられているが、常陸北部の形勢はここに一変、そのほとんどが頼朝直属の有力御

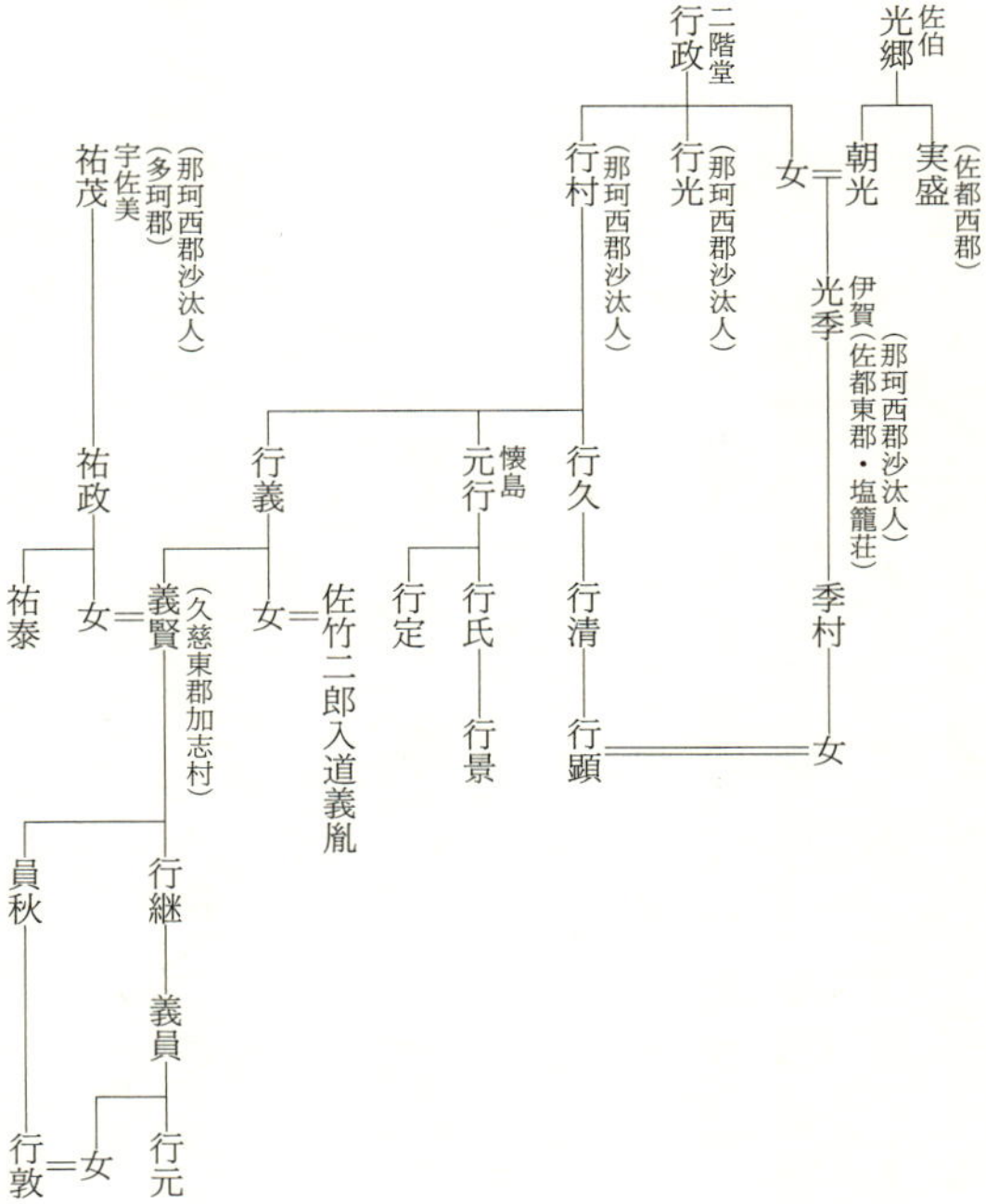

●図13　宇佐美・佐伯・伊賀氏略系図

家人の支配下に入ることとなったのである。

こうして戦後の処理を終えた頼朝は、鎌倉への帰途、小栗重成の小栗御厨八田館に立ち寄っている。これは常陸平氏諸流の中でただ一人、旗幟を鮮明にして頼朝方に立った重成の功に報いるための訪問であり、以後、重成は常陸の住人の中では数少ない頼朝側近の御家人となっていったのである。

鎌倉に帰った頼朝は、周囲の形勢に目を配りつつ、しばらくは東国の地盤の強化につとめ、上野に入っていた木曾義仲も、頼朝の関東支配の確立を見て信濃に退去した。

しかし京都には十二月二日、上野、常陸の辺に頼朝に背くものがあるという風評が流れ、翌五年（一一八一）に入っても、二月二日、常陸の武士が頼朝に反して戦ったが、かえって頼朝に射散らされたという噂が立っている（『玉葉』）。佐竹氏との戦いが、このような風評を生んだのであろうが、四月二十一日には常陸から北陸道を廻って入洛した「下人」が、関東では「佐竹一党三千騎」を除くほか、一人も頼朝に背くものはないと語ったといわれている。この前後、さきに在京していた佐竹隆義が奥州の藤原秀衡と手を結ぼうとする動きを示していたことは、恐らく事実で、佐竹氏の脅威はまだ完全になくなったわけではなかった。この「下人」が、頼朝が秀衡の女子を娶ろうとしていると語っているのは、頼朝の奥州藤原氏への働きかけの状況を伝えるものと思われる（前掲書）。

志田義広の反乱

この年七月十四日、京都の朝廷では改元が行われて養和元年となるが、頼朝は依然として治承五年の元号を用いつづけている。ここに、頼朝の支配する東国と、京都の朝廷の支配する西国では、一時的にせよ別個の元号を持つことになった。その背景に、架空の存在ではあれ新皇以仁王をいただく頼朝の立場と、それを支えつつ独自な国家を志向する東国の豪族的御家人たちの意志が強く働いていたことは間違いなく、ここに日本列島に二つの国家が並存する事実が明白になった。

これよりさきの三月十二日、頼朝は佐都東郡世谷、大窪、塩浜を鹿島社に寄進するとともに、常陸平氏の一族鹿島三郎政幹を鹿島社惣追捕使とし、さらに十月、南郡橘郷を心願成就のために寄進した。「武家護持の神」として、鹿島社に対する頼朝や東国の武将たちの信仰はまことに厚いものがあり、頼朝はこれを東国支配のための一つの精神的支柱にしようとしていた。鹿島社としてもここに強力な支えを新たに得たことになるが、一面、鹿島氏が惣追捕使となったことは、武家勢力の神社内部への浸透に道をひらくことになったのである。

翌寿永元年（一一八二）―東国では治承六年の正月、伊勢神宮に貢進する神馬十疋のうちの一疋を小栗重成が進め、八月十二日、頼家を産んだ政子の祈禱のため、前日に関東諸国の神社に遣わされた奉幣使のうち、鹿島社については、やはり重成が使となっている。これは重成に対するこのころの頼朝の信任をよく示す事実であり、常陸平氏の中で傍流であった小栗氏は、いまや常陸の中で中心的な立場に立つようになっていた。

その翌年寿永二年（一一八三）―東国では治承七年二月、志田義広（義憲）が頼朝に反し、数万騎を率いて鎌倉に向おうとし、常陸から下野に進んだ。『吾妻鏡』はこれを養和元年のことと記すが、これはこの年のこととしなくてはならない（石井進「志太義広の蜂起は果して養和元年の事実か」『中世の窓』一一号）。

信太荘あるいは信太東条に勢威をおよぼしていた義広は、これよりさき、鹿島社の物忌《ものいみ》（鹿島社の女性の神職）の所領を掠領《りやくりよう》しようとし、それを頼朝にいましめられていたが、西からの平氏の攻撃に備えて多くの御家人が駿河に赴いている隙を狙い、その野望を達成しようとして挙兵したのである。信太荘、南郡、村田荘、下妻荘などを押える下妻広幹が義広を支え、下野の秀郷流藤原氏足利忠綱もこれに与した。これに対し忠綱に対抗する同じ秀郷流の小山氏、下総の下河辺氏などは頼朝方に立ったが、小山氏の同族、常陸関郡の関政平は義広軍に加わった。

当初、偽って志田義広に同意する姿勢を見せた小山朝政は、下野の野木宮に引き籠り、二月二十三日、宮の前に現われた義広軍に襲いかかった。激戦の中で、常陸の中郡経高の孫、僧琳宣と小太郎の父子は討死したが、朝政をはじめ長沼宗政、結城朝光等の兄弟の奮戦により義広は敗北、遅れて馳せつけた下河辺行平・政義兄弟、忠綱と同族の足利有綱とその子息たち、八田知家、小栗重成、宇都宮信房等の追撃によって、多くの屍を地獄谷、登々呂木沢にさらして、義広は遁走した。このときの戦いに知家、重成等とともに頼朝方に立って戦った下妻四郎清氏は恐らく広幹の一族だったものと思われる。

鶴岡八幡の若宮に祈願をこらす頼朝の許に戦勝の報がもたらされたのは二十七日のことである。翌二十八日、頼朝は直ちに常陸、下野、上野の義広に同意した人々の所領を没収し、小山朝政、結城朝光等にこれを恩賞として与えた。常陸については下妻広幹の所領が大幅に没収され、南郡は下河辺政義、信太荘は八田知家、村田下荘・下妻宮等は小山朝政に与えられた。このほかに、知家に与えられた広幹の旧領として、小鶴荘など、なお若干の荘園があったかもしれないが、それは明らかにし難い。ただ広幹の名字の地、下妻荘は、さきの清氏の功によってか没収をまぬかれたものと思われ、関政平の場合も一族に関郡は安堵されたと考えられる。しかし常陸平氏はここにいたって重大な打撃を蒙り、さきの佐竹氏につづいて、常陸の諸郡、諸荘には周辺の下野、下総をはじめ、他の東国諸国出身の地頭がつぎつぎにのりこんできたのである。

義広はその後、信濃の木曾義仲を頼り、これが頼朝と義仲の関係を悪化させた。しかし頼朝の息女大姫と義仲の子息義高との婚姻成立によって一応の和議が成立したのち、しばらく動かなかった義仲、頼朝、平氏の間の関係は急速に崩れる。そして北陸道に攻めこんだ平氏の軍勢を撃破した義仲は、これを追って一挙、京に迫り、ついに平氏を都から追い落し、七月に京に入ったのである。

しかし義仲が、入京後まもなく後白河法皇をはじめとする貴族たちの中で孤立しはじめたのに対し、頼朝は後白河院からの上京の催促については、奥州の藤原秀衡、それと結んだ佐竹隆義による北方からの脅威を理由にして応ぜず、巧みな外交手段を通じて、東海、東山両道の荘園・公領の年貢は本所、国司のもとに進上し、それに従わぬものがあれば頼朝に触れて命令を実行させよ、という、いわゆる寿永二年十月宣旨を後白河院から引き出すことに成功した。

しかしこれを境に、頼朝は治承の元号の使用をやめて、京都の元号寿永を用いるようになる。東国に対する支配権を後白河法皇の朝廷によって公式に承認させるかわりに、頼朝は東国国家の名分を捨てた。そして頼朝のこの選択に反発し、東国自立の道を公言していた上総広常を、頼朝は誅殺したのである。それは王朝に対する頼朝の妥協的姿勢を端的に示すものといえよう。

政治的に優位に立った頼朝は弟範頼・義経の軍勢を派遣、元暦元年（一一八四）正月、京都に突入し、義仲を討った。その二十二日、鹿島社の禰宜、神官たちは十九日に奇瑞があり、鹿島の神が黒雲の中の鶏の姿で西にわたった、と鎌倉に知らせてくる。すでに前年の義広の乱の直後、頼朝は橘郷を永代鹿島社に寄進し、あらためて大禰宜中臣則親の沙汰とし、この年八月には奥郡の輩が社役を妨げるとの訴えに応じて、橘郷をもとの如く社領とすることを保証、さらに十二月二十五日、鎌倉に参上した則親の子親広、親盛の兄弟に対し、橘郷は親広、大窪・塩浜郷は親盛に与え、神事を勤仕し、永く地頭の非法を停止すべしとの下文を給与したのである（『吾妻鏡』・「鹿島神宮文書」「塙不二丸氏所蔵文書」『茨城県史料 中世編II』）。

大禰宜中臣氏はこうして頼朝と切り離し難い関係を結び、これらの諸郷は以後、武家＝幕府によって知行を保証される武家的所領、中臣氏の私領として相伝されていくこととなる。

これに対し、大宮司大中臣氏も、助景が治承四年（一一八〇）十二月に頼朝の下文を与えられ、その子実景も上洛し、文治元年（一一八五）、摂関家政所下文を三月、四月の二度にわたって給与され、さらに文治二年（一一八六）にも頼朝の下文を得たと称しているが（「勘仲記永仁二年正月巻紙背文書」）、鹿島社の主導権は、この頼朝との結びつきを契機に、大禰宜家の手中に掌握されることとなった。

一方、元暦元年四月、頼朝は南郡惣地頭下河辺政義の訴えをうけて、常陸国目代に奉書を送り、所当官物・恒例課役以外の国役責勘の宥免《ゆうめん》を要望しているが、その中で頼朝は前年の義広謀反のとき、小栗重成を除く常陸国住人が、あるものは義広方につき、あるものは奥州に逃れ入った、と非難し、政義に南郡を与えた理由をそこに求めている。義広に与した広幹以外の常陸平氏諸流の人々も、日和見の姿勢を脱し切れなかった事実を、この非難はよく物語っているが、この年の十一月十二日にいたって頼朝はようやくその怒りを解き、常陸国住人等を御家人とすることを認めた。このように常陸平氏の諸流は、他の東国諸国の住人と比べて大きく立ち遅れつつも、ようやく新たな時代の流れに身を入れることができたのである。

奥州藤原氏の滅亡と常陸の人々

文治元年（一一八五）は源平の戦いの大詰の年であった。東国御家人は範頼に従って大挙して西国に下り、平氏と戦ったが、その中には常陸・北下総に所領を持つ小山朝政、結城朝光、下河辺行平、同政義、八田知家、千葉常胤等を見出しうるのみで、常陸平氏の姿は全く見られない。そして平氏が壇の浦で滅んだ四月、頼朝は、その推挙によらず任官した武士の一人として常陸平氏の一族豊田兵衛尉義幹をあげ、「色ハ白ラカニシテ、顔ハ不覚気ナルモノ、、只候スベキニ、任官希有ナリ。父ハ下総ニ於テ、度々召シ有ルニ不参シテ、東国平ラレテ後ニ参ズ、不覚歟」とののしっている。この一族に対する頼朝の感情を、これはまことによく物語っているといえよう。

そうした常陸の状況の中で、鹿島社に対する頼朝の保護の姿勢は変ることなく一貫していた。元暦元年(一一八四)十二月、宮介良景の所領全富名について、物忌の千富名と同様に、地主としての権利を保証、万雑事を停止したのをはじめ、翌二年八月二十一日、南郡惣地頭下河辺政義による鹿島社領橘郷の押領と、百姓の妻子の取籠《とりこめ》を訴えた大禰宜親広の訴訟に対しては、最も信任する御家人政義を頼朝はきびしくいましめている(『吾妻鏡』)。さらに元暦年中、行方郡の神領をめぐる神官弘景と地頭行方景幹との争いについても、弘景を勝訴とし、文治三年(一一八七)五月、鹿島社領の名主貞家による寄進地の押領を訴えた物忌に対しては、わざわざ二階堂行政を常陸国に下向させたのである。

また小栗重成に対する頼朝の信頼も変らず、文治元年十月二十四日の鎌倉の勝長寿院供養のさいの随兵の中に、重成は下河辺行平等とともに姿を見せている。しかし常陸国全体についてみると、この供養で「御後五位六位」の中に名を連ねた八田知家の方が、このころには大きな役割を果しはじめていたものと思われる。一方、伊佐郡を名字の地とした常陸入道念西（伊達朝宗）の子息たち、常陸冠者為宗、同次郎為重、同三郎資綱、同四郎為家等も、資綱が伊勢国三ツ山、為宗が同国家城荘の地頭職となるなど、頼朝に重んぜられ、常陸での地位を高めていた。

こうした状況の中で、平氏滅亡後、頼朝と対立した義経と新宮十郎行家に対し、後白河法皇が頼朝追討の宣旨を下したのをきびしく追究した頼朝は、周知の通り文治元年十一月に日本国総追捕使、総地頭―一国別に地頭と惣追捕使（守護）を設置する権限の獲得に成功し、一躍、西国にその支配を拡大した。その反面、東国における天皇家、摂関家、寺社の荘園の年貢についても、頼朝は文治二年（一一八六）以後の進納を保証している。東国の荘園はほとんどが地頭請所となっていたと見てよいが、北下総の相馬御厨、下河辺荘、豊田荘、常陸の村田、田中、下村（下妻か）の諸荘の場合も、地頭たちに年貢の完済を命じている。この間、下河辺政義は義経の縁者河越重頼の聟として、所領を取り上げられているが、南郡におけるその地位は変りなく、変動があったとしてもごく短期間で回復したものと思われる。

一方、吉野山に入ってから、頼朝の厳重な探索にも拘らず、行方の知れなかった義経は、文治三年（一一八七）、奥州藤原氏―秀衡の許に姿を現わす。その前年、頼朝は「東海道惣官」の立場から、「奥六郡主」秀衡に対し、その貢馬、貢金を鎌倉を通じて京に進めることを申し入れ、秀衡もこれに応じていたが、義経のこの動きを契機に、両者の関係は急激に悪化した。

洛中の狼藉を鎮めるべく千葉常胤、下河辺行平が上洛したのもこのころのことであるが、翌年にかけて、京と鎌倉の間に使者が頻繁に往来、奥州平泉にも宣旨、院庁下文が遣わされ、鎌倉からも雑色《ぞうしき》が派遣された。その中で、文治三年十月二十九日、秀衡は義経を大将軍とし、子息泰衡が国務を掌握する「東北国家」の構想を遺言して、平泉で没した。

泰衡も文治四年（一一八八）の間は、再三にわたる宣旨、院庁下文にもかかわらず義経を庇護する一方、貢馬、貢金を頼朝に送って衝突の回避を模索していたが、文治五年に入り、閏四月三十日、ついに義経を襲ってこれを討ち、六月十三日、泰衡の使者は義経の首を鎌倉に持参した。

しかし頼朝は泰衡を許さなかった。前年、天野遠景、宇都宮信房に「日本国」の西のはてと見られていた「貴賀井島」(鬼界島)の追捕を行わせようとした頼朝にとって、「日本国」全体の軍事的支配者としての立場を貫徹するために、東北はやはり「征伐」しなくてはならなかったのである(小林清治、大石直正『中世奥羽の世界』)。

すでに、頼朝の権限にさまざまな制約を加えつつあった、後白河法皇をはじめとする京都の朝廷はこれを抑制しようとし、泰衡追討の宣旨を下さなかったが、頼朝は独自に軍勢を動員、軍中にあっては将軍の命を聞き、天子の詔は聞かぬものという老将大庭景能の言にも支えられつつ、周到な戦争の準備を整えていった。

その上で頼朝は、東海道大将軍として千葉常胤が下総、八田知家が常陸の御家人を率い、北陸道大将軍として比企能員、宇佐美実政が上野の武士などを動員して越後から出羽に進み、頼朝は大手として畠山重忠を先陣に「中路」を下向することを決定、七月十八日に能員の軍勢が、ついで十九日、頼朝の軍勢と東海道の軍勢を合せた全軍が、奥州に向って出発した。

このときの動員令は全国に対して発せられていたが、その実質は古代以来しばしば見られた東北と坂東との戦争であり、まさしくその最後の対決といってもよかろう。

常胤はすでにこれより以前(治承四年)下総の守護であったが、注意すべきは、八田知家がここにはじめて、常陸国御家人の軍事指揮権を掌握する守護としてその姿を現わした点である。常胤にはその一族をはじめ豊田義幹、大河戸広行などが従い、知家は伊佐為重、資綱等の兄弟、小栗重成、さらに多気太郎義幹、鹿嶋六郎頼幹、真壁六郎長幹など、常陸平氏の人々を率いていた。常陸平氏本宗の諸流が頼朝の軍勢の中に現われるのもこれがはじめてであるが、かつての大豪族もいまは守護知家に従う御家人でしかなかったのである。頼朝の率いる主力は下野を北上したが、常陸の本領にいた佐竹秀義（隆義とする説もある）も、この軍勢に加わった。

泰衡は阿津賀志山に堅陣を敷き、異母兄国衡を大将として東国勢を迎え撃つ。この奥州勢の奮闘の前に、頼朝軍は苦戦をつづけたが、八月八日の戦闘では伊佐為宗の兄弟たちが疵を負いつつ信夫佐藤庄司を討ち、ついに十日、堅陣を突破、山をこえて奥州になだれこんだ。

敗戦に度を失った泰衡は、北へ北へと逃げつづけるが、十二日に常胤、知家の東海道軍と合した頼朝の軍勢は、翌日、多賀国府に到着、態勢をととのえる。この日、北陸道軍も出羽に攻め入って北上しつつあった。いったん、玉造城にとどまった泰衡は、頼朝軍の圧力に押されてそこも放棄、平泉を焼いてさらに北に行き、「夷狄島」―北海道に渡ろうとして糟部郡に赴くところを、重代の郎従河田次郎に裏切られ、九月三日、ついに首を取られた。この間、佐竹太郎（隆義か）の子息たちの中で泰衡に与したものも、合戦の敗北とともに逃れ去り、同月四日、頼朝の軍勢は陸奥国志波郡の陣岡蜂杜で、出羽を鎮定した北陸道軍と合体する。その勢二十八万四千騎。「東北国家」はこの大軍の前に潰え、頼朝の支配は東北のはてまでおよぶこととなり、同時に潜在していた佐竹氏の脅威もこれで完全に消滅した。

それから十月末まで奥州に滞在した頼朝は、国衙機構を大田文とともに接収し、御家人たちに恩賞を給与、葛西清重に陸奥国御家人の奉行を命じ、中尊寺・毛越寺等への地頭の妨を停止し、十一月十八日、鎌倉に帰還した。常陸・北下総についてみると、結城氏が白河荘、千葉常胤が好島《よしま》荘預所・高城保・亘理郡、その一族相馬氏が行方郡・千倉荘、八田氏が小田保、伊佐氏が伊達郡のほかに長世保を与えられたが、常陸平氏諸流も佐竹秀義も、この戦争では全くなにものも得なかったのである。とくに佐竹氏はこれ以後、常陸の本領をともかくも保ちつつ、むしろ常陸以外の所領においてその立場を保持する方向に動いていくこととなる。

このように一段落したとはいえ、長年にわたって築かれた奥州藤原氏の勢威は、すぐには消えなかった。この年の暮から翌建久元年（一一九〇）にかけて、義経と称し、また義仲の嫡男朝日冠者を号する者が、泰衡の郎従大河兼任とともに出羽の山北郡で挙兵した。義経の伝説化は早くもここに始まっているが、頼朝は再び正月八日、海道将軍常胤、山道将軍能員をはじめ、奥羽に所領を持つ結城朝光等を下向させ、二月十二日、この軍勢は兼任の軍を撃破して追い散らした。頼朝はここで伊沢家景を陸奥留守職とし、葛西清重とともに奥州の支配に当らせることとした。

建久四年の常陸政変

奥羽を征服し、軍事的支配者としての勢威を示した頼朝は、この年（建久元年）に大軍を率いて、初めて上洛し、後白河法皇と会見する。それは頼朝のなしえた王朝に対する最大の示威行為であるとともに、一面では文治元年（一一八五）以後、京都の朝廷―王朝国家の反撃によって、たとえば謀反人跡《むほんにんあと》の地頭以外は検断権や加徴米の徴収権を否定されるなど、妥協につぐ妥協を余儀なくされてきた頼朝が、平時におけるその政権の権限を確定すべく、後白河法皇と折衝するための上洛でもあった。

このとき頼朝の率いた軍勢の中には、頼朝のすぐ後に水干を着た八田知家、朝重が見えるほか、先陣随兵の三番に下河辺政義、三十三番に豊田義幹、鹿島政幹、小栗重広、五十一番に多気義幹、宇佐美小平次（実政の子）、後陣随兵の十番に下河辺行平、鹿島頼幹、真壁長幹、十七番に中郡経元、同隆家、三十二番に片穂平五、常陸平四郎など、多くの常陸・北下総の人々を見出すことができる。これだけの示威にも拘らず、期待した征夷大将軍の任官を果し得ず、大納言兼右大将に任ぜられた頼朝は、すぐにそれを辞退して、鎌倉に帰った。

しかし建久三年（一一九二）、後白河法皇が没し、頼朝は直ちに待望の征夷大将軍に任命される。すでに前年、前右大将家として開設した政所の下文によって、あらためて御家人の所領を安堵することも始められたが、そのさい千葉常胤をはじめ多くの御家人たちが、頼朝自身の花押を据えた下文を、あわせ求めてやまなかったことはよく知られている。

この年八月九日、政子が頼朝の二男実朝を出産するが、注目すべきは、このとき、北条義時、三浦義澄、安達盛長など、錚々たる幕府の有力御家人と並んで、下妻広幹が実朝に護刀を献じている事実である。どのような手段によったのかは全く判らないが、所領のほとんどを失ったはずの広幹は、兄の多気義幹をもさしおいて、頼朝、政子の側近に進出していた。さすが「悪権守」といわれただけあって、広幹の動きにははかり知れないものがあった。

しかし常陸守護八田知家にとってみれば、この広幹の動きは油断ならぬものであった。広幹だけではない。なお広大な所領を保持し、大掾にもなって国衙機構に大きな力を持つ「大名」義幹の存在も知家には大きな脅威であった。たしかに知家の常陸における所領は信太荘、田中荘、それに子息四郎家政がすでに宍戸を名字としている点から見て小鶴荘の三荘を数えることどまり、とくに国衙に対する知家の影響力は小さかったのである。義朝の子という伝承の生まれたほどの頼朝の厚い信任だけでは、当初の打撃から立直りつつある常陸平氏本宗に対抗し、常陸におけるその立場を保つことは難しい、と知家が思うようになったのは当然であろう。両者の衝突はもはや必至であった。

建久四年（一一九三）は、鹿島社の二十年に一度の造替遷宮の年に当っており、小栗重成、伊佐為家が造営奉行となっていたが、多気義幹等の社領を知行する者の怠慢によって造営がはかどらず、これにいらだった頼朝は知家に対し、七月十日の祭以前の完成を目ざすように指示していた。

あたかもこの年、頼朝は多くの武士たちを動員して大規模な狩猟を行った。それは東国の支配者、東国の人々の首長としての頼朝の立場、さらには子息頼家がその継承者たるべきことを、武士たちに確認させるための狩猟であり（千葉徳爾『狩猟伝承研究』）、その最大の行事が富士野の巻狩であった。

そしてそのとき、五月二十八日、曾我十郎・五郎兄弟による敵討―工藤祐経の暗殺事件がおこったのである。この夜討に驚き、常陸の久慈郡の輩が逐電し、所領を没収されたという。この人々がだれであったかは全く わからない（あるいはこの人々の没収された所領の跡にさきの二階堂氏が入ったのかもしれない)。

しかし祐経だけでなく、頼朝にまで鉾先を向けようとした曾我兄弟の行動に諸国は動揺した。御家人たちは相次いで富士野に馳せ参じたが、知家はそこで義幹に対する罠《わな》を仕掛けた。六月五日、まず知家が義幹を討とうとして軍勢を集めているという噂を義幹に伝えさせ、警戒して多気山城に立て籠った義幹に、あらためて正式の使を送り、富士野への同道を申し入れる。当然これを拒否した義幹を、十二日、知家は鎌倉に帰った頼朝に、野心ありとして訴えた。直ちに鎌倉に召出された義幹は、陳弁も空しく、所領のすべてを没収されるという憂目にあったのである。

『吾妻鏡』はこのとき、筑波郡、南郡、北郡等の義幹の所領が、すべて常陸平氏吉田流の馬場資幹に与えられたと伝える。しかし南郡は本来広幹の所領で、すでに下河辺政義に与えられており、筑波郡、北郡を資幹が知行した証拠は全くない(網野善彦「常陸国南郡惣地頭職の成立と展開」『茨城県史研究』一一号)。ただ南郡のうち、義幹の手中にあったと見られる府郡を資幹流が与えられたことは確実であり、恐らくこのことを根拠に、後年、常陸大掾を世襲するようになった資幹流の人々の提出した資料に基づいて、『吾妻鏡』はこの記事を記したのであろう。

事実はここで、筑波郡、北郡、あるいは南野牧（これは義広の乱のときのことかもしれない）までふくめて、義幹の所領はすべて知家に給与されたのである。こうして義幹は完全に失脚、厖大な所領を常陸南部に保持することになった守護知家の立場は、強固に確立した。翌建久五年、義幹は歎状を捧げて、知家の讒言をあらためて訴えたが、取り上げられた形跡はなく、義幹の姿は常陸の歴史から消え去った。

この事件につづいて『吾妻鏡』は建久四年七月三日の条に奇怪な記事を記す。鹿島社の造営奉行であった小栗重成が物狂いの状態になって造営の行事を行えなくなったというのである。奥羽との戦争のさい、平泉で泰衡の倉庫から持ち出した重宝の玉幡を氏寺にかざったところ、毎夜、夢の中に山伏数十人が現われ、この幡を乞い、それが十夜つづいたのち、重成が神託と称して不可解なことを口走るようになった。そこで頼朝は造営奉行を、これまた馬場資幹に命じたというのが、その記事の結末になっている。しかしこれもこの段階ではありえないことで、資幹流の後年の主張を『吾妻鏡』が記したものといえよう。重成のあとに造営に当ったのが知家自身だったことは、さきにふれた通りで、常陸一宮鹿島社の造営に守護知家が責任を持つ形こそ、自然なあり方といわなくてはならない。

しかしこの年の重成の失脚は間違いない事実で、以後、重成の姿も『吾妻鏡』から消える。

重成に対するこれまでの頼朝の深い信任を考えると、ここで知家は常陸におけるもう一人の敵手に打ち勝ったことになる。

さらに同じ年の十二月十三日、知家は下妻広幹を梟首《きょうしゅ》した。広幹がかねがね北条時政に敵意を持っていたことが露顕したというのが、その理由であった。常陸で知家に対抗しうる最後の一人も、ついに消された。広幹の本領下妻荘が小山朝政に与えられたのはこのときのことであろう（それを義広の乱のときまで遡らせる見方もありうる）。

このように、常陸でおこった建久四年の一連の事件は、常陸平氏に決定的な打撃を与え、すべてが知家の覇権確立に収束する結果になっている。それはまさしく「政変」といってよいほどの激動を常陸にもたらした。

しかしこれらのどの事件をとっても、不透明なものが残り、単に知家のみの策略に出たこととは思えない。ややうがって考えるならば、曾我兄弟の行動の背後に、頼朝暗殺を狙う時政の陰謀があったと指摘されているように（三浦周行「曾我兄弟と北条時政」『日本史の研究』新輯二・石井進『中世武士団』）、これらの事件の底流にもこのことがあったのではなかろうか。

頼朝から冷遇されつづけてきた常陸の人々には、時政に加担するだけの十分な理由があった。久慈郡の人々の逃亡、義幹の行動はそう考えれば自然に理解できるし、重成は両者の板ばさみになって物狂いとなったとみることもできるのである。またこの常陸の人々から離れて、むしろ頼朝に接近していた広幹は、この事情を知っており、それ故にことの終ったあとで、時政によって消されたのではあるまいか。知家はこれらの動きを自らの立場の強化のために最もよく利用したのであろう。

そして頼朝の挙兵以来、ここにいたるまで全く姿を見せることなく事態の推移を見守っていた常陸平氏吉田流の(馬場)資幹が、ここでようやく浮び上る機会をとらえたことになる。もとより資幹には直ちに知家と拮抗しうるだけの力はなかったとはいえ、府郡については恐らく義幹の権利を継承し、やがて常陸大掾の地位の世襲化をはかることによって、国衙を拠点にしつつ資幹流は、守護知家に対抗して、常陸平氏の残る諸流の中心になっていったのである。『吾妻鏡』がこの年九月一日条に、さきの記事との重複をあえてして、重ねて義幹の所領、所職を資幹が頼朝から与えられたと記していることからみて、恐らくこの時点こそ、こうした資幹の立場の最初の出発点と考えてよいであろう。

厖大な所領を持ち、やがて筑波北条の小田(南野荘とする史料もある)に館を構える他国から入った守護八田氏=小田氏と、国衙を拠りどころにして常陸土着の人々を代表した常陸平氏資幹流と。守護と国衙とが切り離し難く結びついた他の東国諸国とは異なるこうした二元的な支配体制こそ、鎌倉幕府の支配下における常陸の体制の特質であった。

那珂中左衛門尉実久の登場

建久六年（一一九五）、頼朝は東大寺供養に参列すべく、政子、息女大姫を伴って再び上洛した。この上洛の最大の目的は、大姫を入内させるための工作であり、頼朝はかねて親交のあった九条兼実をさしおいて、源通親、丹後局を通じてその実現をはかろうとしたのである。

このときにも、豊田義幹、鹿島頼幹、中郡経元、真壁小六、片穂五郎、伊佐為家、同行政、下河辺政平、同政義、同藤三、佐竹秀義、石河大炊助、八田知家、同知重等の常陸・北下総の人々が随兵として従っていたが、将軍頼朝の車を囲む大内惟義、源頼兼、足利義兼、三浦義澄、比企能員、安達盛長等々、源氏一族と幕府宿老の中に、常陸の那珂東・西両郡を所領とする那珂中左衛門尉実久の姿を、はじめて見出すことができる。

ここにいたるまでの実久の足跡は明らかでないが、八条院の命により、頼朝の討手となって山城国の稲八間権守弘を搦め取り、弘の所領の山城国阿智荘、大河原荘、北・南稲八間、山田南・北荘、菅谷、草畠、駒寺、笠置寺等の厖大な所領を得たのは、このころまでのことであったろう。在京の御家人としての実久の地位はこれで強固なものとなり、頼朝は実久に、一文字に二共絵《ともえ》（巴）の紋を与えた。このため実久は父実経が義朝から与えられた亀劫（甲）紋を改め、この紋を用いることとしたという（「大中臣氏略系図」）。

実久流の人々はこのほか、武蔵国方屋木郷、摂津国葦屋荘地頭公文両職、丹波国奄我荘、播磨国穂積荘、丹波国佐々岐荘下方、周防国富海保、尾張国門間荘、志摩国和具荘、河内国法禅寺、同国分寺、筑後国阿地坂荘内稲吉郷、陸奥国会津郡内塚原、安芸国奴田荘内新羅郷、同日高嶋、上野国吾妻郡内今里村など、西国にまでも拡がる厖大な所領にかかわりを持っている。このうちには後年に獲得したもの、ごく一時期の知行にとどまるものも少なくないと思われるが、実久の勢威はその本領那珂東・西郡を根拠にかなり大きなものであったことは間違いない。

また実久の弟近藤武者実広流も、越後国三条荘、大槻荘小河山、阿波国多奈保・新居郷、出羽国雄勝郡西マウナイノ郷内アサイ・シカナイ両村、美濃国鵜飼荘一分等、越後を中心として各地に根を張り、同族の中郡荘下司中郡氏の一族も、出雲国久野郷、三所郷、万田荘一分地頭、伊予国得次地頭などになっている。もとよりこの中にも後年の恩賞地が含まれているが、大中臣姓のこの一族が、常陸国御家人那珂氏、中郡氏を中軸に、幕府内部にも大きな実力を持っていたことは確実である。在京する実久が、上洛した頼朝の身辺を宿老たちとと

那珂一門所領書上（「大中臣氏略系図」末尾）

一　右大将家御代ニ始而被補守護人於国々ニ乎而京都守護事、典膳権亮《テンセンノスケ》中原氏歟 摂津先祖歟承之ヲ歟、其後常陸国那珂郡等地頭上総中三左衛門尉実久正治元年正月上旬○賜京都守護職至承元三年ニ十一ヶ年令知行之ヲ、丹波国・摂津・山城国等之守護人也、然後京都守護事、伊賀判官光季承之ヲ畢、此外人々ハ内裏守護許承之歟

右那珂一門等拝領所々事

一　相州六連《ムツラ》庄 今闕所　保元二年実経給之

一　武州方屋木《カタヤキ》郷 預所職 実久給之 飯田四郎妻知行之

一　常陸国那珂西郷　一門面々知行之

一　同東郡 今ハ闕所

一　摂津国葦屋《アシヤノ》庄地頭公文両職 今闕所

一　丹波国佐々岐庄下方号金山 那珂弥三郎・五郎等令知行之

一　同国奄我庄 実久知行

一　播州穂積《ホツミ》庄 今闕所 但那珂彦五郎有越訴

一　周防国冨海《トノミ》保 今闕所

一　尾張国門間《カトマ》庄 飯高妻知行之

一　志摩国和具《ワクノ》庄 那珂又太郎入道子息等知行之

一　依八条女院仰《ニ》、山城国稲八間《イナヤツマノ》権守弘《ヒロム》蒙関東御勘気《ヲ》之刻、実久承打手《ヲ》依搦進之《ヲ》、弘跡《ノ》所領悉給之《ヲ》乎、所謂阿智庄 那珂三郎太郎知行之 大河原庄 同人知行之、北稲八間 朝久女子、知行之 南稲八間、山田南庄、同北庄、菅谷《スカヤ》、草畠《クサハタケ》、駒寺《コマテラ》、笠置《カサキ》寺《シ》 已上闕所

一　河内国法禅寺 時久女子分 幷国分寺 那珂七郎経久跡輩知行之

一　筑後国阿地《アチ》坂《サカ》庄内稲吉《イナヨシ》郷 今警固領也、仍中三左衛門尉給其替早常州千田郷

一　奥州会津《アイツ》郡内塚原《ツカハラ》 中三左衛門尉知行之

一　安芸国奴田庄内新羅郷 那珂藤井六郎、七郎等知行之

一　同国日高嶋《ヒタカノシマ》 今闕所

一　上野国吾妻郡内今里《サト》村 那珂彦五郎妻知行之

一　越後国三条庄大槻庄小《ヲ》河山《カハヤマ》

一　出羽国雄勝《ヲカチノ》郡西《ニシ》マウナイノ郷内アサイ・シカナイ

一　阿波国多奈保　新居《ニイノミ》郷

一　美濃《ミノ》国鵜飼《ウカヒ》庄一分 已上八ヶ所 越後人々知行之

右系図《ハ》、延慶二年《ニ》大概治定畢、其後那珂惣領宗久養子袈裟房丸等事書入之《ヲ》畢

□□上事

もに警固していることも、その背景をなす一族のこれだけの勢力を考えれば、きわめて自然なことであった。

『吾妻鏡』が何故かほとんど消し去ってしまっているこのような一族が実在していたことは、きわめて注目すべき事実で、常陸平氏が凋落したこの時期、あるいは那珂氏が常陸の人々にとっての希望の星だったのかもしれない。

頼朝の熱心な工作にもかかわらず、大姫は建久八年（一一九七）に病死、九条家を追い落した源通親が王朝の実権を掌握した。頼朝はさらに次女乙姫の入内を画策したが、実現を見ないまま、正治元年（一一九九）正月二十三日、突然世を去った。その胸底に秘められていたと見られる、外孫の皇子をいただき、自らの子孫を首長とした東国国家の構想（佐藤進一『日本の中世国家』）は、ついに日の目を見ることなく終ったのである。

二　承久の乱前後

「京都守護」那珂実久

頼朝の死後、子息頼家が幕府の首長の地位を継承した正治元年（一一九九）正月上旬、「大中臣氏略系図」によると、上総中三左衛門尉ともよばれた那珂実久は「京都守護職」となり、丹波、摂津、山城等の守護に補任され、承元三年（一二〇九）までその地位にあったという。『吾妻鏡』は全くこのことにふれず、建仁三年（一二〇三）十月、平賀朝雅の京都警固のための上洛、元久二年（一二〇五）十月から承久元年（一二一九）正月まで中原親能の子季時の京都守護職在職、同年二月、伊賀光季が京都警固のため、源親広が京都守護として相次いで上洛したことを記すのみであり、『鎌倉年代記』等の史料にも、実久についてはその記載がない。これに対し「略系図」は、実久ののちに伊賀光季が「京都守護」になったので、他の人々はみな「内裏守護」のみであったとしているのである。

たしかに「略系図」のこの記事に、大中臣氏＝那珂氏の当時の栄光に対する過度の強調が入っていることは否定できない。しかしこの系図全体の記事の正確度や前述した実久の京都における重い地位を考えれば、これを全くの虚構として退けることもできまい。恐らく実久が山城、摂津、丹波の守護であったのは、後年この三国が六波羅探題の直轄下に入ることから見て、事実なのではあるまいか。とくに山城の守護であったとすれば、実久を京都守護とする見方のでてくるのも、十分にうなずけることといえよう。

承元三年（一二〇九）十月二十日の『吾妻鏡』の記事によると、このとき幕府は諸国守護人の緩怠に対する国衙の訴えのあったのを契機に、守護職補任の下文の提出を、まず東国の「近国守護」に命じ、十二月十五日、千葉、三浦、小山などの諸氏が守護職の由来を申しのべている。このとき守護を「相伝の職」でなく、年限を定めた「遷替の職」にすべきである、との議論が出ていることを考え合せると、実久がさきの守護職を失ったのを、この動きと関連させてみることも可能になってくる。

実久は恐らくこのとき、守護職のみならず、本領の那珂東・西両郡をも失ったのではなかろうか。建暦二年（一二一二）八月十五日、二階堂行光、同行村、宇佐美祐義、伊賀光季等の那珂西郡沙汰人等に地頭職を兼ね行わせ、名主等を安堵させるという措置がとられているのは、那珂西郡がいったん、この四人に与えられたことを物語っている。多分、ここで名主といわれていた那珂氏は、伊賀氏、二階堂氏と姻戚関係を結びつつ、那珂西郡惣地頭職を間もなく回復したと見られるが、那珂東郡は恐らくこのとき、北条氏の手中に入ったものと思われる。北条氏はすでにこのような形で、常陸への進出を開始しつつあった。

承久の乱の前夜

この間、幕府は正治二年（一二〇〇）の梶原景時の追放、建仁三年（一二〇三）の比企能員の謀殺、将軍頼家の幽閉から暗殺へと動揺をつづけ、北条時政が権力を集中しつつあった。そして元久二年（一二〇五）、時政は後妻牧ノ方とともに、聟平賀朝雅を将軍にしようと企て、武蔵守であった朝雅と敵対する武蔵の豪族畠山重忠の「謀叛」をことさらにいい立てて軍兵を発し、重忠を攻めた。

このとき、相馬義胤、小山朝政、結城朝光、宇佐美祐茂、下河辺行平等の常陸・北下総の地頭たちとともに「鹿嶋、小栗、行方の輩」＝常陸平氏諸流もこの軍兵の中に姿を見せており、重忠の敗死の後、馬場資幹は重忠の遺領陸奥国長岡郡に地頭職を恩賞として与えられた。資幹はすでにさきの建久四年（一一九三）の事件の中で、時政に接近することによってその立場を強めたものと推測されるが、ここで時政に積極的に従うことによって、新たな所領を獲得することに成功したのである。

資幹のみならず、源氏の将軍の下においては不遇を余儀なくされた常陸平氏諸流の中には、次第に権力を手中にしはじめた北条氏に接近する人々が少なくなかったものと思われる。

しかし時政と牧ノ方は、政子・義時によって鎌倉を追われ、朝雅も京都で殺された。こうして時政に代って指導権を握った子息北条義時は、政所別当として相模守となり、弟時房も武蔵守となっている。さきに諸国の守護を「遷替の職」とし、定期交替制を採用しようとしたのも義時の動きと見られているが（石井進『鎌倉幕府』）、とすれば那珂実久の没落にも義時が関係していると見ることもできよう。そして那珂東郡を手中にしたのは、この義時自身ではなかったかと考えられる。

また建暦元年（一二一一）四月二日、馬場資幹は陸奥国長岡郡小林の新熊野社の住僧隆慶から、神田を押領したとして訴えられたが、神田を新たに寄進したと弁明した結果、その主張を認められている。資幹はこの権力交替の中で、どうやらその立場を保ったのである。

しかし義時は最大の対抗勢力である侍所別当和田義盛を挑発しつづけた。建保元年（一二一三）、頼家の子息を「大将軍」として義時を倒そうとした陰謀が発覚する。その中には、和田平太胤長をはじめとする和田一族、下総の八田三郎などがおり、義盛をはじめとする一族の嘆願にもかかわらず、胤長は一族の面前で、縛り上げられたまま、陸奥国に流されていった。しかも鎌倉の胤長の屋地《やち》も、いったん、義盛に与えられたにもかかわらず、まもなく義時のものとされてしまう。胤長の知行していた那珂西郡の塩籠荘が伊賀光季に与えられたのも、このときのことであろう。光季の姉妹の一人は義時の妻となっており、光季は義時の義理の兄弟だったのである。

度重なる挑発の前に、義盛はついにこの年五月二日、一族、与力の人々とともに幕府を襲った。その中には大方政直、同遠政、宇佐美平太郎左衛門、同平左衛門、豊田平太幹重の姿も見える。激戦が翌日までつづけられたが、三浦義村を敵にまわした和田勢は苦戦の末、義盛は討死、完全に敗北した。

和田合戦といわれる幕府始まって以来のこの内戦は、幕府方で戦った八田知家の子宍戸家政の戦死をはじめ、常陸・北下総にもかなりの影響をおよぼしている。この合戦で討死したとされる豊田平太は承久の乱のときの東国勢の中に現われるので、豊田氏はその立場を保ったのであろう。文暦元年（一二三四）、豊田氏と推定される忠幹が松岡荘田下・久安郷の「本地頭」といわれているので、恐らくこの人にその所領は継承されたのであろう。また大方氏の場合も、その本領大方郷は政直の弟関政綱に与えられたが、平姓宇佐美氏の所領佐都東郡は没収され、伊賀光季に恩賞として与えられた。光季は佐都西郡を伯父実盛から伝領していたと推定され、さきの塩籠荘とあわせ、伊賀氏はこの乱の結果、奥郡に広大な所領を持つこととなった。

そして常陸にもかなりの所領を持つにいたった北条氏は、幕府内部に大きく進出し、義時は政所別当とともに侍所別当を兼ね、幕府の実権を完全に掌握した。執権政治はここに軌道にのるが、この北条氏に接近していた馬場資幹は建保二年（一二一四）九月十九日、在庁官人たちの解文を背景に、常陸大掾として府中地頭のことを沙汰する権限を認められた。資幹流が国府を名字とするようになる起点はこのときと見られるので、府郡を押える資幹の立場はかなり安定してきたと見てよかろう。

一方、こうした義時の覇権の下で、将軍実朝は次第に孤立を深め、ついに承久元年（一二一九）正月二十七日、頼家の子公暁によって斬殺された。これにかわる将軍として、後鳥羽上皇の皇子の下向を求める政子・義時の申請を上皇は拒否、やむなく幕府はわずか二歳の幼児、九条道家の子三寅（頼経）を迎えて鎌倉殿―東国の首長としたが、時の流れは後鳥羽上皇と政子・義時――西の王朝と東の幕府の正面衝突に向って、急速に動きはじめた。

承久の乱とその影響

承久三年（一二二一）五月十五日、後鳥羽上皇は京都守護伊賀光季を攻撃する。すでに前日の後鳥羽上皇の召喚に応じていた源親広をはじめ畿内、近国、在京の武士たちに襲われ孤立した光季は、急使を鎌倉に送り、奮戦の末討死した。承久の乱の幕はここに切って落された。

義時追討の宣旨を持って直ちに関東に下った使は、三浦義村の許に来着したが、義村はこれを追い返し、義時とともに戦う姿勢を明らかにする。急を聞いて鎌倉に集った御家人たちに対する政子の必死の訴えに応じ、五月二十二日、泰時が先頭を切って進発したのにつづき、東国の大軍十九万騎が怒濤のように京に向った。

八田知家＝筑後入道尊念は、宿老の一人として鎌倉に残留したが、泰時、時房の率いる東海道大将軍の中には千葉胤綱、東山道大将軍には結城朝光、北陸道大将軍には結城朝広の姿が見える。そして六月六日、西国軍と木曾川で対峙した東国軍の中にあって、伊佐行政は尾張の山田重忠と戦い、重忠を逐電させた。また、敗退して宇治、勢多で防衛線をひいた西国勢との戦いに当っては、幸嶋（下河辺）行時が一門を離れて泰時の軍に加わり、同十四日の宇治橋での合戦で関左衛門入道政綱、伊佐大進太郎、石河三郎秀幹、佐竹左衛門尉秀繁などの常陸の人々とともに奮戦、政綱、秀幹、秀繁とともに討死した。この合戦では、北条泰時の旗下にあり、その被官として戦った石河平五、片穂刑部四郎なども戦死、佐竹秀義、同義茂の手の者が敵を討って戦功をあげ、前日の戦いでも豊田平太が疵を負うなど、常陸・北下総の人々もめざましい戦いぶりを示したのである。

その反面、木曾川で敗退した西国軍の中には八田知家の子筑後六郎左衛門尉知尚の姿が見え、出家した父知家に代って建保四年（一二一六）にはすでに常陸守護人であった八田知重は、兄弟相分れて戦わなければならなかった。

宇治川の合戦に勝利した東国軍は翌十五日に入京、東国と西国の戦争＝承久の乱は東国の幕府軍の完勝に終った。幕府方として戦った御家人の多くがそうであったように、その大部分が東国勢として戦争に加わった常陸・北下総の人々は、この乱を契機に、西国に多くの所領を獲得したに相違ない。治承の敗北以来、常陸では小さな勢力に転落していた佐竹氏は、秀義あるいは季義が美濃国弾正荘、山口郷、上有智荘などの地頭職を与えられ、以後、西国にも進出していった。このほか、八田知家の子有知が美濃国伊志良荘、結城朝光が備中国隼島保・吉備津社領、小山氏（のちにその一流村田氏が伝領）が尾張国海東荘、阿伊波入道を生け取りにした中郡経光が出雲国久野荘・三所郷・万田荘、真壁氏が丹後国五箇保を新恩として与えられたことを知りうる。また、京都で討死した伊賀光季の遺領は、嘉禄元年（一二二五）九月十二日になって、子息四郎季村等に与えられた。塩籠荘もその中にあったが、このように処置が遅れたのは、これよりさき元仁元年（一二二四）、義時の死後におこった後妻伊賀氏の陰謀に、その兄伊賀光宗（光季の弟）が加担、処罰され、その所領のすべてが「外叔」二階堂行村（隠岐入道行西）に預け置かれたこととかかわりがあるものと推定される。

しかしこの伊賀氏の事件で、執権に立てられようとした北条政村（伊賀氏の実子）は、恐らく承久の乱後、八田知尚の知行した信太荘を与えられたものと推定されるが、この事件でもその立場に変動はなかった。北条氏はこうして常陸にさらに拠点をふやしたが、それだけでなく、片穂氏、石河氏が泰時の旗下で戦ったことからも知られるように、常陸平氏諸流の中には、北条氏の被官となってその立場を強めようとする人々も現われてきたのである。一族の中から京方に立った人を出した守護八田知重にとって、この動きは見逃し難いものがあったようである。

守護八田＝小田氏と大掾馬場氏

義時の死後、元仁元年（一二二四）から翌嘉禄元年にかけて、尼将軍といわれた政子が政務を掌握していたころ、常陸介となった八田知重は、知行国主輔大納言家（二条定輔）の力を背景に、常陸平氏本宗の本拠佐谷郷、ひいては常陸大掾の地位を奪おうとした。馬場資幹はこれを非法として幕府に訴え、佐谷郷給主職については大掾のほか、他人の競望におよぶべからずとの、政子の「不易御下知」を与えられ、この地を墓所と定めて世を去った（「金沢文庫文書」）。

資幹のあとは子息朝幹がうけつぎ、知重の大掾職競望にかかわる訴訟をつづけたが、これをうけた安貞元年（一二二七）十二月六日の将軍家御教書は、大掾職は始祖以来相承の職、資幹は頼朝の下文を得てこれを朝幹に相伝した、という朝幹の主張をとりあげ、「事もし実ならば、新儀の企、すこぶるその謂れなし」として、常陸前司知重に充てて非分の望の停止、ないし弁明を求めたのである。これは問状御教書であるが、恐らく知重はこれに反論せず、朝幹の主張が事実として認められたものと思われる（「常陸国総社宮文書」『茨城県史料 中世編I』・山本幸司「裁許状・問状から見た鎌倉幕府初期訴訟制度」『史学雑誌』九四―四）。

常陸大掾職の常陸平氏馬場流による相伝は、これによってほぼ固まったものと思われるが、寛喜二年（一二三〇）には、北条政村が一時期、常陸大掾として姿を現わしている。政村が信太荘の地頭であったとすれば、これはそれを背景にした任官ともいえるが、あるいはこれは、知重と対抗するため、北条氏とのつながりを求める朝幹側の策であったのかもしれない。

いずれにせよこれは一時的なことで、朝幹以後、馬場氏の常陸大掾職世襲は安定し、その子孝幹、孫光幹とうけつがれていった。それ故、この一流を常陸大掾氏とよびうるのはこれ以後のこととしなければならない。逆にこのときの譲歩により、守護八田氏＝小田氏はついに府中・府郡に入る道を閉されたのである。こうして前述した鎌倉期の常陸における守護と国衙、小田氏と常陸大掾氏による二元的な支配体制は、幕府自体の確立と並行しつつ、軌道にのっていった。

「御成敗式目」を制定し、最盛期を迎えた泰時時代の幕府の下にあって、常陸・北下総もしばらくはさしたる大きな動揺もなく、暦仁元年（一二三八）二月の将軍頼経の上洛のさいの随兵に見える伊佐四郎蔵人、片穂六郎左衛門尉、那珂左衛門尉時久、下河辺左衛門尉行光、佐竹八郎助義、同六郎次郎、結城五郎重光、笠間左衛門尉時朝、関左衛門尉政泰、筑後（高野）図書助時家をはじめ、宇佐美藤内左衛門尉祐泰など、常陸・北下総の関係者が『吾妻鏡』にしばしばその姿を見せている。

ただ、常陸関係者の中で二階堂氏・伊賀氏は幕府の中枢にかかわりを持っているが、その他の人々は評定衆に加えられることもなく、常陸土着の常陸平氏や国井氏などにいたっては、ほとんど『吾妻鏡』に姿を見せないのである。幕府確立期における立遅れに伴う後遺症を、常陸の人々はこうした形で背負いつつ、その歩みを進めなくてはならなかった。そしてそうした負目につけこみつつ、北条氏は次第にその影響を常陸・北下総におよぼしていったのである。

三　鎌倉前期の荘園・公領と社会

承久の乱後の諸勢力の分布

鎌倉前期の政局の動揺、何回かの戦争を経て、常陸・北下総の諸勢力の分野は、平安末期の状況と比べて著しい変化をとげた。

まず多珂郡については『新編常陸国誌』の引用する「安良河八幡大双紙」によると、宇佐美祐茂が安良川八幡宮に講田八段を寄進、その子祐政も大般若田を寄進、さらにその子祐泰が嘉禎年中（一二三五―三八）、同宮を造営したとされるが、同八幡宮神主・衆徒の文明十一年（一四七九）の申状は「当荘地頭宇佐美左右（ママ）衛門時景」とし、嘉禄二年（一二二六）、宇佐美祐泰、木佐良善阿が造営を行ったとのべている（「安良川八幡神社文書」『茨城県史料 中世編II』）。両者の記事には差があるが、いずれにせよ、藤姓宇佐美氏が治承以来、地頭職を保持したことは間違いない。

このほかの奥七郡は、佐都西・東郡、塩籠荘が伊賀氏、久慈東郡が（あるいは同西郡も）二階堂氏、那珂西郡が大中臣姓那珂氏の支配下にあり、同東郡は北条氏の手中に入ったものと推定される。ただ嘉禄元年（一二二五）十二月十八日、鎌倉で死去した佐竹秀義の遺骸がわざわざ常陸に移され、増井の勝楽寺の近辺、現在の正宗寺のあたりに葬られていることは、佐竹氏がこれらの地頭の支配下にあって、佐都西郡の増井村、太田郷などに、なおその根を残していたことを物語っている。平安時代の同氏の勢威からすれば、きわめて小さなものではあったが、佐竹氏はその本領を固守しつつ、再び飛躍する時期をうかがっていたのであり、承久の乱後、八郎助義、六郎次郎などが幕府内で重んぜられていたことから見て、これ以外にも常陸に所領のあった可能性もある。

国井保の国井氏も八郎太郎政俊が南郡橘郷を鹿島社と争うなど、なお健在で、国井五郎三郎政氏の家人で国井の住人悪別当家重は鶴岡八幡宮の職掌となっているが、仁治二年（一二四一）五月二十九日、那珂左衛門入道道願（時久）の家人飯野兵衛尉忠久等と博奕を打ち、その罪により神職を解かれた。常陸の人々がこのような形で鎌倉に進出していることは注目すべきで、最近、鎌倉若宮大路の中世の側溝と見られる場所から出土した「一丈南くにの井の四郎入道跡」「一丈　伊北太郎跡」と記された二点の木簡のうち、前者は「跡」とある点から見て、間違いなく鎌倉初期の国井氏の一族であろう。これは側溝の側面を保護する護岸工事のような作事を御家人たちに分担させたさいの木札と推定されているが（石井進『鎌倉から出土した最初の木簡」『日本歴史』四四九号）、国井氏は上総国御家人伊北氏などとともに、こうした作事を勤めていたのである。

また吉田郡、石崎保は吉田社と深くかかわりつつ、常陸平氏の吉田氏一族の支配下にあったが、そのうち石川家幹の二男馬場資幹流は常陸大掾を世襲化し、府郡、府中に進出したのに対し、五男とみられる平五＝常葉武幹は北条泰時の被官として承久の乱で戦死、六男六郎高幹も北条時房の被官本間氏の女子と見られる本間局を妻とし、時房の被官となった。この本間局が時房の孫時広（義王丸）の乳母となった関係から、吉田郡の恒富、さらに吉田郷地頭職も、やがて時広の所領になり、その娘から大仏流に伝えられていく（石井進「鎌倉時代の常陸国における北条氏所領の研究」『茨城県史研究』一五号）。

これと同様、北条泰時の被官となっていったのが片穂荘の常陸平氏片穂氏で、この荘にも北条氏の手が伸びていたことは確実とみられている。

一方、小鶴荘は八田知家から四男宍戸家政に譲られたが、小田を名字の地とした嫡男知重は北郡、筑波北条、南野牧を確保、九男知氏は田中荘、十郎時家はこの荘内と見られる高野を名字の地とした。また二男有知は美濃国伊志良荘、三男知基は、知家が治承四年（一一八〇）の佐竹氏との戦いの後に恩給された下野国茂木郡を譲られている。しかし知尚に譲られた信太荘は先述の通り、北条政村の手中に落ちており、広大な常陸を押える守護としては、この一族の所領は決して大きいとはいい難いものがあった。さらに一族内での嫡流小田氏の所領の比重もさほど重いとはいえず、まもなく一族の宍戸氏との競合がおこってくる背景もそこにあるといえよう。

これに対し、本宗の没落によって大打撃をうけたとはいえ、常陸平氏は北条氏の力に依存しつつ、在庁の統轄者常陸大掾の地歩を確保した馬場氏＝国府氏、吉田郡の吉田氏をはじめ、鹿島郡の鹿島氏、行方郡の行方氏、信太東条の東条氏は無疵のまま地頭職を保ち、真壁郡の真壁氏も健在であった。

ただ真壁郡内の安部田、大曾禰、伊々田、北小幡、南小幡、大国玉、竹来の七か郷は、平

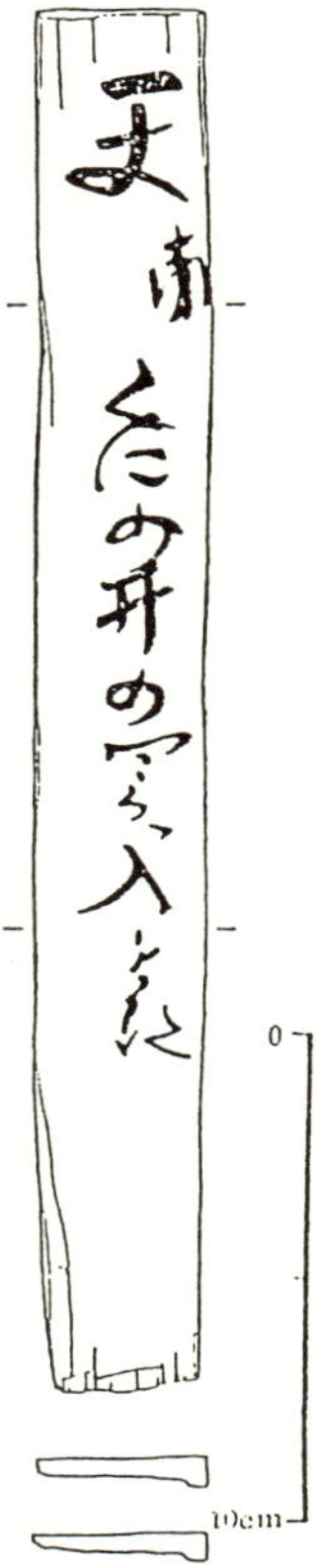

●図14　若宮大路出土木簡（『日本歴史』439より）

氏所領から関東御領となり、文治二年（一一八六）、三善康清が預所職に補任されている。しかし父長幹から荘領、公領をふくむ郡地頭職を譲られた真壁友幹は、寛喜元年（一二二九）七月十九日、これらの所領のうち山田郷を一期《いちご》の間、妻藤原氏女に与え、丹後国五箇保とともにこれを薬王丸に伝えることを定めるとともに、子息時幹には、さきの荘領と山乃宇、田村、伊佐々、窪、源法寺、亀隈などの公領六か郷をあわせ譲与、将軍頼経の安堵を得ている。

小栗御厨も小栗氏が確保しており、鎌倉前期、常陸平氏は真壁、小栗、吉田、鹿島、国府、行方、東条の七氏として安定し、おそくとも建長元年（一二四九）以前には毎年交替で鹿島社の七月大祭の大使役を勤め、一族としての結合を固めるようになっていた。

このほか南郡は益戸、野本を名字とした下河辺政義の子孫が押え、東郡には笠間氏がはっきりと姿を現わすが、中郡の大中臣姓中郡氏は貞永年中、重経以下の一門と中郡荘預所との所務相論に当って、地頭たちが悪口を吐いたとして地頭職を没収された。重経は東条忠幹の孫で国井政久の息女に当る人を妻とし、その女子のうち二人が祖父東条氏から譲られたと見られる東条内亀谷一分地頭職を知行するなど、常陸にも根を張っていたが、この打撃を受けたのちの中郡氏は、専ら承久新恩地の出雲国の所領においてその立場を保ち、出雲に根を下してゆく。

そのあとをうけて、中郡荘地頭職を与えられたのは、経元・重経父子がその家人となって主従関係を結んでいた安達義景であった。蓮華王院領中郡荘は三代起請地として、大嘗会米、役夫工米以下の万雑公事を免除されていたが、荘内の鴨部宮の宮内については、地頭などによる課役が賦課され、宮人が逃散する事態もおこったので、元久元年（一二〇四）三月七日、領家の下文により、宮内方も万雑公事を免除されている。この鴨部宮の神主職に、貞永元年

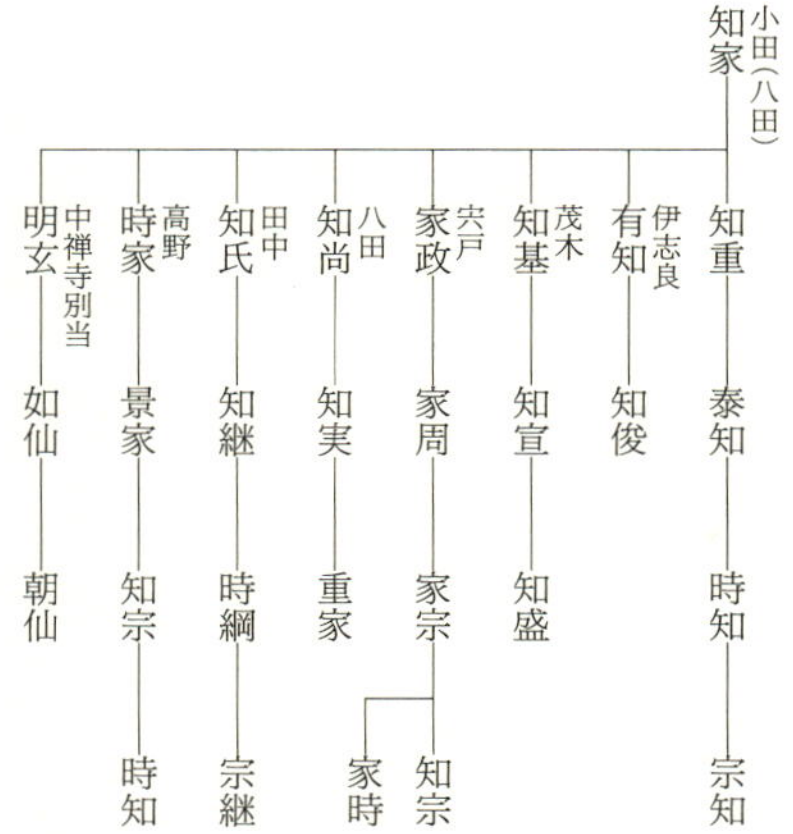

●図15　小田氏略系図

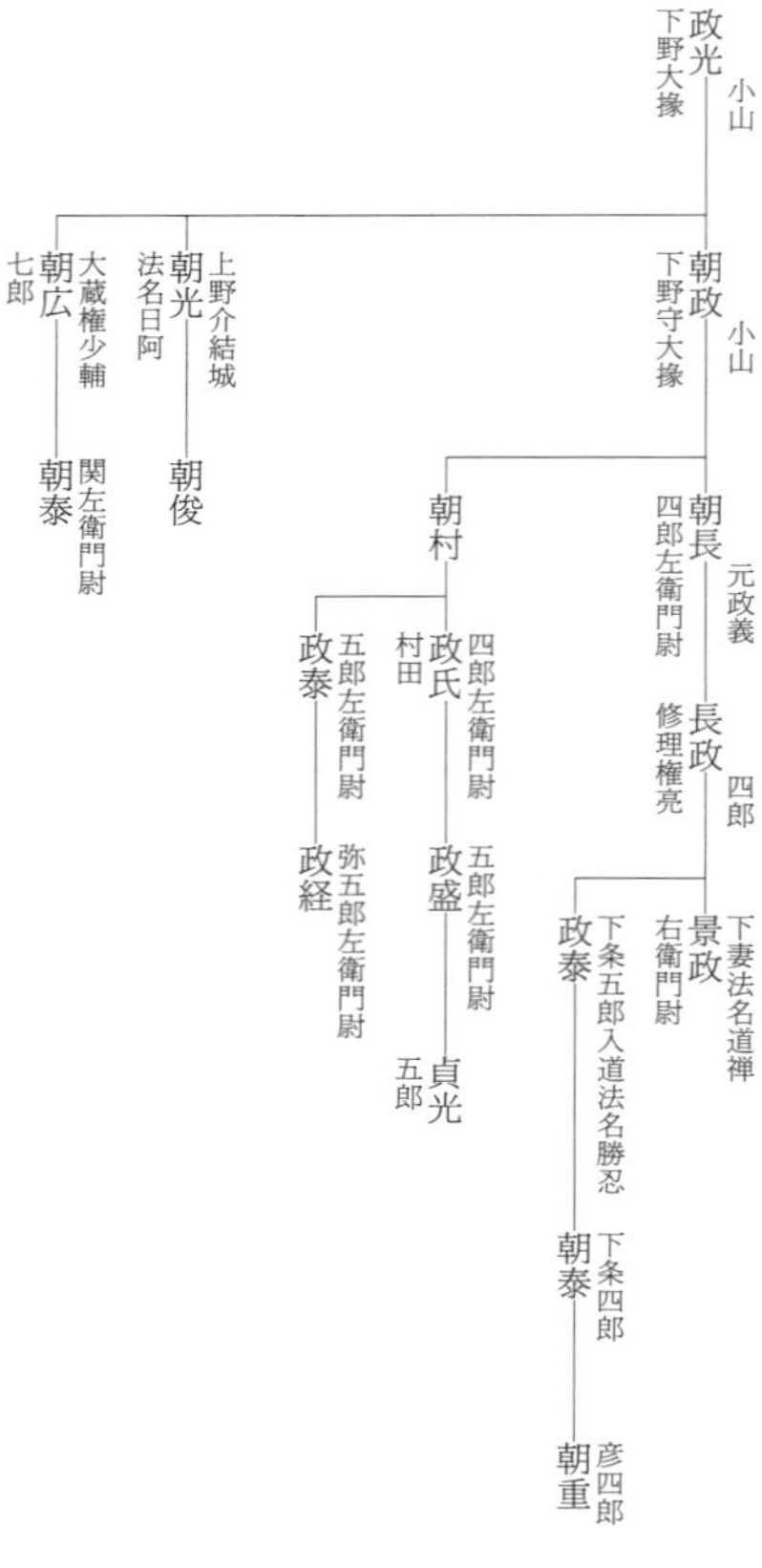

●図16　関・下妻・村田氏略系図

（一二三二）十一月二十一日、源守吉を袖判下文によって補任したのは、安達義景であったと思われる（「加茂部家文書」）。恐らく中郡氏から荘の地頭職を継承した直後、義景は荘内の寺社の所職を安堵、補任したのであろう。

中郡荘はこうしてその支配者を変えたが、西郡北条＝伊佐郡は伊佐氏、同南条＝関郡は関氏と変らず、村田荘、下妻荘には下野の小山氏が進出、朝政の孫長政は下妻を、同じく政氏

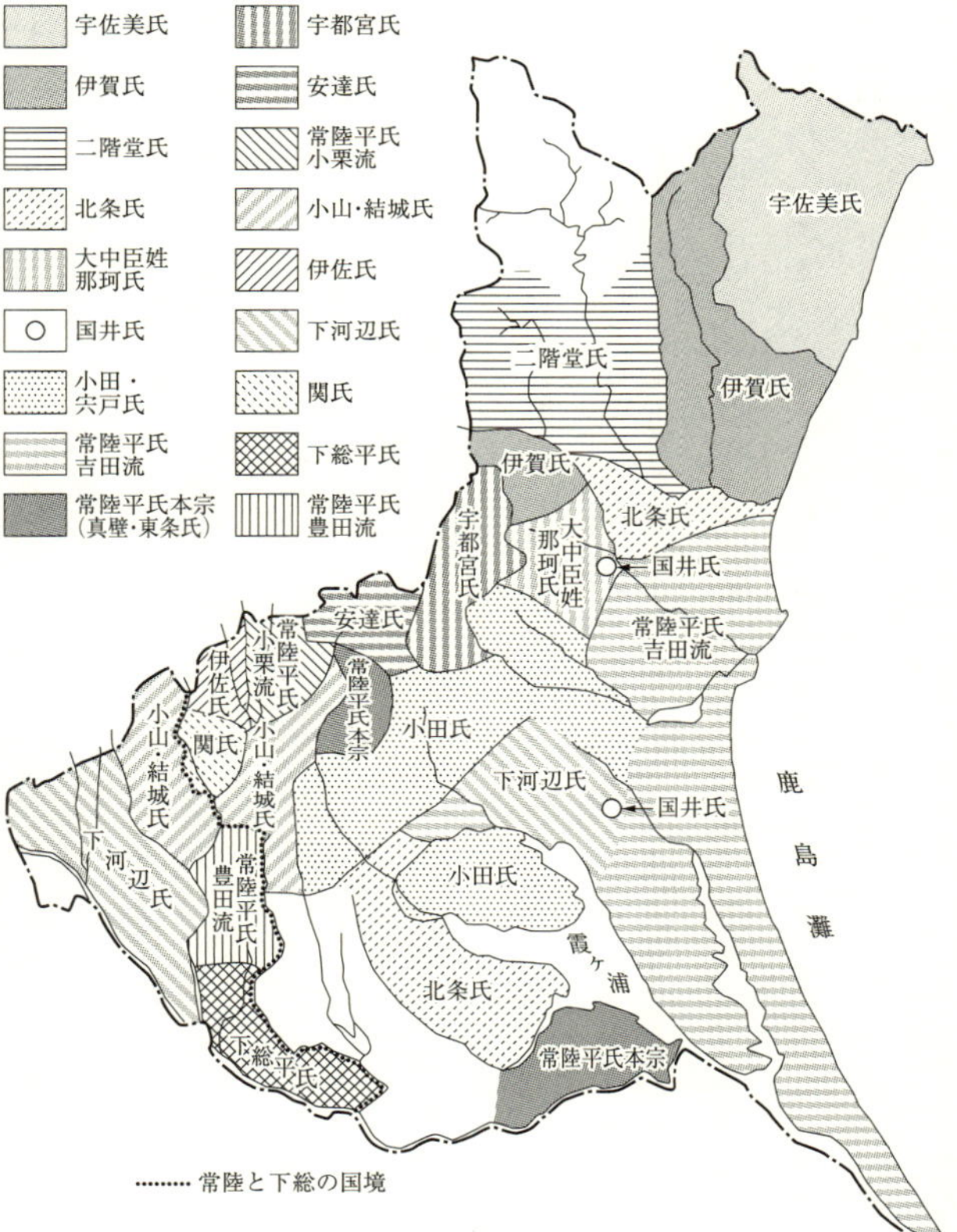

●図17　承久の乱後の諸勢力の分布

は村田を名字とし、北下総の結城郡にも同族の結城朝光が蟠踞していた。

また豊田荘＝松岡荘の田下郷、久安郷については、文暦元年（一二三四）十二月以後、結城朝定が地頭となっているが、この年の年貢は本地頭忠幹に弁済させることが、寛元四年（一二四六）十二月二十九日に定められており（『吾妻鏡』）常陸平氏豊田氏も、なおその地位を全く失ったわけではなかった。相馬御厨は千葉常胤の子師常が相馬を名字とし、大方郷の大方氏、下河辺荘の下河辺氏、幸嶋郡の幸嶋氏にも変動はない。ただ、幸嶋氏は北条泰時の被官となる動きを見せており、北条氏の進出はこの方面でも開始されていたのである。

荘園・公領の支配とその内部構造

これら常陸・北下総の地頭たちは、他の東国諸国と同様、ほぼ例外なく地頭請の形で荘園、公領を請け負っており、国守、目代や本家、領家の影響はさして大きいものではなく、幕府による保証なしに年貢の収取は不可能であった。実際、預所についても、関東御領真壁荘の三善氏は当然のことであるが、松岡荘の預所左馬権頭入道昇蓮も東国の人ではなかったかと思われる。

とはいえ、さきの中郡荘に対する領家の下文や、預所との所務相論で地頭中郡氏が罷免された事実、さらに吉田社領に対する官務小槻氏の支配に見られるように、領家が積極的にその支配権を行使する場合もなかったわけではなく、とくに鹿島社、吉田社などの現地の神社が給主となった場合、地頭との摩擦はしばしばおこったのである。

郡規模を持つ荘園、公領には、信太荘の本郷の場合のように政所が置かれ、支配の拠点とされた。これらの荘、郡は基本的には郷によって構成され、郷の内部は田、畠、在家からなり、それぞれ別個に掌握されるのがふつうであった。

しかし関東御領真壁荘において、文治二年（一一八六）、預所に補任された三善康清が荘内の竹来郷について、名主給三町、鹿島神田五段、定田四町七段小を定め、それ以外の地についても四至を定めて預所名―得永名とし、定田を平民名にしたといわれているように（「鹿島神宮文書」『茨城県史料 中世編Ⅰ』）、百姓名が結ばれる場合もあり、吉田社領の酒戸郷、吉沼郷にも名主のいたことを確認しうる（「吉田神社文書」『茨城県史料 中世編Ⅱ』）。ただこれは常陸全体から見れば、やはり例外的といってよかろう。

預所、地頭の下にあって、名主として年貢を請け負いうるだけの力を持つ人々は、なお多くなかったので、一般の郷では百姓の小宅である在家一宇に、ほぼ一町を基準とする田地が割り付けられ、百姓たちは種子、農料をうけて年貢および在家役（公事）を負担したのである。

そうした賦課の基準を定める検注は、竹来郷では建保四年（一二一六）、鹿島社領南郡橘郷では承元元年（一二〇七）に行われたように、荘、郷、それぞれに行われたが、大田文作成のための一国的な検注が常陸、下総でいつ行われたかは明らかでない。貞応二年（一二二三）、幕府が諸国の大田文を作成させたとき、これらの国でも恐らく大田文が作られたであろう。そこで定められた田数は「恒例御公事勤仕の公田」といわれて、役夫工米などの一国平均役、鹿島社をはじめとする諸社の造営役、さらに大番役勤仕のさいの基準田数とされ、多少の動きはあったが、固定的な性格が強かった。現在まで伝わっている弘安二年（一二七九）と嘉元四年（一三〇六）の大田文によってみてもそれは明らかで、これらの公田数は鎌倉前期まで遡らせても、さほどの違いはないと見てよい。

こうして、大田文による公田の確定によって、承久の乱後、荘園公領制は確立していくが、常陸・北下総の場合も他の諸国と同様の過程を進んだことは間違いない。公領の荘園化はなおその後も多少はありえたが、郡、保、荘の単位そのものの枠組は、もはや変わることはなかった。新しい社会の発展はこの体制の下で進行してゆく。

開発の進展と諸郷の分割譲与

寒冷で、河川が乱流するきびしい常陸の自然の中でも人々の開発は進められていた。幕府が東国の地頭たちに開発を奨励し、新田に対しては地頭の堀内の延長として、預所の検注を認めず、これを保護したことを、暦仁元年（一二三八）以前の上総、下総において確認することができるが、常陸についても幕府は貞応元年（一二二二）六月十六日、同十月七日の二度にわたって、荒野新作田等の所当に対して、留守所、在庁は違乱すべからずとの下知を発している。これは新田について、地頭の下地進止（土地の支配）を保証したもので、このような保護、奨励を背景に、常陸の地頭たちは活発に開発を展開していった。

こうして開かれた新田は、郷と区別され、村とよばれた。南郡惣地頭下河辺（益戸）政義が大枝郷において、承元元年（一二〇七）以前に開発した新田は栗俣村とよばれ、さらに政義の後家淡路局は嘉禎三年（一二三七）以後、「本新田」とよばれた栗俣村に加えて、「新々田」岩瀬村を文応元年（一二六〇）までに開いている。また行方郡加納十二か郷についても鎌倉初期の郡地頭行方景幹によって四六村《しろく》（麻生町）が開発され、このほかにも石神村など、数多くの同性質の新田の村が生まれている。

これらの村々をふくめて、郡地頭たちは鎌倉期に入ると、郡内の諸郷を子息たちに分割譲与しはじめる。景幹のあと、行方郡は小高為幹、島崎高幹、麻生家幹、玉造幹政の四人の子息に分与され、鹿島成幹から分流したその孫徳宿秀幹は、文暦元年（一二三四）、徳宿郷内の烟田《かまた》、富田、大和田、生江(井)沢の四か村を三郎朝秀に譲与、朝秀の子孫たちは以後、烟田を名字とするようになってゆく（「烟田文書」）。

このように郷、村の地頭となった人々は、若干の家人や下人、所従を率いて譲与された地に新たな館を設け、そこを名字の地とした。館はしばしば湖辺や河沼に面した台地の先端部に置かれ、地頭たちは下人を駆使し、在家の百姓を動員しつつ、丘陵と丘陵の間に入りこんだ小谷に谷田を開いていった。こうしていくつかの郷、村を掌握した地頭はさらにそれを子息たちに分け譲り、まさしく蜂の巣分れのように、この人々も家人や下人を従えて郡、荘内の各地に散って谷々を開いていった。その様子は手賀城跡（玉造町）一帯の地形からよくうかがうことができる。

もとより開発を進めたのは地頭だけではない。真壁荘竹来郷では、預所名とされた得永名の四至内が代々開発されて大和田村が形成されており、「荒野を以て、百姓大井戸、泉村を号し申す」などといわれているように、平民百姓も自らの名を、大井戸、泉、各来、竹来村として開発している。西国においてはこうした平民百姓の動きと、地頭との衝突が早くから見られたが、東国の常陸・北下総の場合、鎌倉前期には、それはほとんど見出すことができない。

しかし新田をはじめとして下地に対する強力な進止権を持つ地頭と、目代、国守、預所、領家との摩擦は、とくに承久の乱後、いたるところでおこっていたと思われる。天福元年（一二三三）以前、筑波北条の率分保＝大沢保が納物を対捍《たいかん》して率分所と相論をおこしたのをはじめ（「民経記紙背文書」）、天福二年にも斎会《さいえ》のための諸国召物の賦課に対し、東郡の大蔵省保＝笠間保の保司右衛門尉光重（伊賀朝光の子六郎右衛門尉光重か）は、この保が北白河院領として寄進され、その所領となっているうえに、鹿島社造営役の負担もあるので進済できないといってこれを拒否、官方奉行勘解由小路経光は大蔵卿を通じて、しきりに催促を加えている（「経光卿御斎会奉行記」）。

荘、郡郷についても同様の状況があったと推測されるが、多少ともその事情を知りうるのは、鹿島社領と吉田社についてのみであり、以下、やや詳しくその状況にふれてみたい。

鹿島社大禰宜中臣氏とその所領

鎌倉期に入り、鹿島社大禰宜中臣氏の所領は、屋敷地、用重名、行方郡本納をはじめ、平安末期に国衙によって寄進された行方郡加納十二か郷、南郡大枝郷など、大禰宜職に付属して相伝され、摂関家を本家、大禰宜を預所とする職領―公家的な所領と、頼朝が中臣則親個人に寄進した南郡橘郷、佐都東郡世谷、大窪・塩浜郷など、郷司職の流れをくみ、下地進止権を持つ地頭職と同質の私領―武家的な所領の二系列に分れることとなったが、前者については鎌倉前期、大禰宜職をめぐる中臣氏一族の間の争いに、預所の立場に立つ大禰宜と地頭との対立がからみつつ相論が展開され、後者についても郡惣地頭などとの争いがおこっている。

則親から親広に譲られた私領橘郷については、文治元年（一一八五）、惣地頭下河辺政義の乱妨は停止されたが、かつて国衙から寄進された所領であったことも関連して、平安末期にこの郷の屋敷の万雑事を免ぜられた国井政広の子息政景が、建仁二年（一二〇二）に将軍頼家によって地頭職に補任されたため、親広の子政親と国井氏との間で、長い相論がつづくことになった。

将軍家の補任状を得て勢いにのる政景は翌年、政親は預所であり、「地頭の沙汰に交わるべからず」との下文を実朝から与えられ、さらに元久元年（一二〇四）にも、相論を停止し、預所得分と地頭得分を相互に沙汰せよという政景に有利な下文を得たのである。当時、大禰宜職を則長と争っていた政親の立場はかなりきびしかったが、政親は建保五年（一二一七）、幕府での政景との対決に持ちこみ、ようやく承久三年（一二二一）、頼朝の寄進以後の三代相伝を認められ、橘郷を私領として確保することができた。これに対し、国井氏も執拗に反論を試み、政景の子政俊は多くの証文を幕府に提出して政親と争ったが、ついに安貞二年（一二二八）、長文の関東下知状（「鹿島神宮文書」『茨城県史料 中世編Ⅰ』）によって政俊の主張は非論とされ、政親は橘郷の一向進退領掌（全面的支配）を認められたのである。

一方、則親から親盛に譲られた世谷、大窪、塩浜郷についても、承久の乱後の地頭の交替に当って、親盛の子則長は前地頭の例に任せて沙汰せよとの下知状を貞応元年（一二二二）に与えられ、さらに安貞元年（一二二七）にも、佐都東郡地頭伊賀季村の代官光依の新儀乱妨を停止する関東下知状（「塙不二丸氏所蔵文書」『茨城県史料 中世編Ⅰ』）を得て、給主としての立場を保証されている。

しかし職領を知行する大禰宜職については、則親の子重親が文治二年（一一八六）の前後にその地位にあり、同五年に親広が大禰宜となったのちにも、なお大禰宜の屋敷、用重名の権利を主張、翌年（一一九〇）の国司庁宣を得て動こうとせず、親広は摂政九条兼実の政所にその不法を訴え、この年五月、行方郡の神領をふくめて、その知行を認められた。親広はこれらの所領に橘郷をあわせ、正治二年（一二〇〇）、大禰宜職を嫡子政親に譲ったが、それが正式に摂関家政所下文による補任によって確認され、行方郡の神領などの領掌を留守所下文によって認められたのは大分おくれ、承元二年（一二〇八）のことであった。恐らく則親の子息あるいは孫たちによる激しい競望がそこにあったのであろうが、果して建保四年（一二一六）、政親は摂関家大番舎人を刃傷したとの理由で、大禰宜職を改易されたのである。

政親を摂関家政所に訴え、大宮司則行と手を結んでこれを追い落したのは親盛の子則長で、政親に代る大禰宜となり、大枝郷を含む職領もその支配下に入った。しかしここで政親も、その誤りないことを認める鹿島郡地頭、神官、供僧の連署状、守護人小田知重の申状を背景に、強力な反撃に転ずる。

訴訟は長びいたが、貞応二年（一二二三）、政親は、大禰宜則親が大枝郷給主を他人に請け負わせ、「大般若経奉読用途」を五年にわたって懈怠したことを訴えた祈禱衆、供僧等の申状に支えられつつ、三男鬼三郎丸を則長に代って給主職に補任した国司庁宣を得て、再び優位に立った。これに対し、則長も安貞元年（一二二七）六月、京都に上って摂関家政所に申状を提出、日次御供所の行方郡加納内相賀、北端、高岡、夏苅、大和田の諸郷と南郡大枝郷等について、政親の大枝郷押領を訴えるとともに、地頭行方（島崎）孝幹が子々孫々まで違乱あるべからずとの祖父忠幹、父景幹の請文に背いて、高岡郷等を割き取ったと主張した（「民経記紙背文書」）。ここで則長が、政親の私領橘郷についてすら知行せしむべからずとの訴えが社家、武家に出されているとのべていることと、さきの橘郷をめぐる国井政俊と政親との相論に当って、政俊が則長を大禰宜職に補任した摂関家政所下文や大宮司則行と則長の書状を証文として提出していることを考えると、これは守護、郡地頭、神官、供僧等に支持された政親と、大宮司や国井氏と結びつき、摂関家の力を借りようとする則長との、かなり大がかりな対立になっていたと見なくてはならない。

上京中の則長は政親の代官が国に下向しているうちに摂関家から下文を得るべく、懸命に働きかけたが、十二月二十一日になってもなお下文は発給されず、二、三日待てとの関白の言葉が伝えられただけだった（『民経記』二）。そして翌年、橘郷の相論は政親の勝訴に終り、形勢は完全に政親の有利となり、恐らくこの幕府の裁許を契機に、政親は大禰宜職に還補されたものと思われる。

天福元年（一二三三）、政親は子息頼親にこの職を譲り、摂関家の下文によってそれを承認されたものと推定されるが、このような大禰宜職をめぐる争いが続く間に、さきの則長の訴えにも見られるような、地頭による職領への侵害が頻々とおこった。行方郡加納については、地頭側は文治四年（一一八八）、頼朝によって請所として認められたことを主張し、大禰宜側は建久二年（一一九一）、頼朝の下知に基づいて景幹の非法を停止した摂関家政所下文をたてにとって対立したが、さきの則長の訴えにも拘らず、安貞二年（一二二八）、地頭が請所として沙汰すべしという幕府の下知が再度下ったといわれ、大禰宜の主張は通らず、問題はあとに残された。

しかし大枝郷については、嘉禄元年（一二二五）、地頭政義から郷を譲られた後家淡路局と相論の末、大禰宜側は嘉禎三年（一二三七）、本田の下地を中分することに成功した。これは全国的に見ても下地中分の早い例として注目されているが、この結果、大禰宜は地頭と並ぶ大枝郷の給主の立場に立つこととなったのである。

一方、大禰宜となった政親は安貞元年（一二二七）、私領橘郷を頼親に譲り、さらに暦仁元年（一二三八）、新たに開発した倉員村を次男政家に譲った。政親の死後、頼親は仁治元年（一二四〇）、将軍家下文によってこの郷の地頭職に補任されるが、このとき頼親はなお大禰宜であった。

ところが寛元三年（一二四五）、五月から六月にかけて、鹿島社検非違使忠行と行方郡相賀村をめぐって争った大禰宜は則長だったのである（『平戸記』）。忠行が承久二年（一二二〇）

以来のなんらかの根拠によって、この郷を加納の外として、その権利を主張したのが相論のおこりのようで、結局、則長の主張が通ったと見られるが、大禰宜職はここでまた親盛流に変っており、親広流との対立は以後も長くあとをひくことになったのである。

他方、大禰宜職をめぐる争いが政親の勝訴となったのと並行して、天福元年（一二三三）、大宮司職も中臣則雄に変っているが、仁治元年（一二四〇）、大中臣信景は鹿島社内の豊野、赤見、神野屋敷について、父実景のときに物忌袈裟子がこれを掠め領して以来、物忌千富が領知していることの不法を訴え、鹿島社地頭政幹以下神官等の支持を得て、信景の領掌を認める摂政近衛兼経の政所下文を与えられた。信景が大宮司になったのは嘉禄元年（一二二五）のことで、このときは前神主と称しているが、仁治二年、再び大宮司に返り咲いている。この年二月、鹿島社は焼亡しており、この大宮司交替もそれと関係しているのかもしれないが、大宮司職をめぐる中臣氏と大中臣氏との対立も、以後、次第に激しさを増し、寛元三年（一二四五）、信景が関白二条良実の政所下文で再び大宮司になり、翌年、関白が一条実経となったさいにも、代替りに当っての重任下文をあらためて与えられているが（『葉黄記』）、まもなく中臣則雄も復活したようで、この両者の争いも鎌倉後期まで長く続いてやまなかった。

吉田社領家小槻氏と地頭、田所

こうした鹿島社とその社領とはやや異なり、吉田社の場合、社領に対する領家小槻氏の姿勢はきわめて積極的であった。久安五年（一一四九）小槻師経の奥上署判下文によって、恒例神事の励行、神社の四至内の堰を修築し、神田を不作させることなく耕作すること、上下請人の四至内への乱入、濫行の停止の三か条を現地に下知したのをはじめ、鎌倉前期にかけて、紀氏、三善氏などの家司を預所に補任、その奉書形式の下知状とさきの下文とを並用しつつ、細かく指示を行っている。

それは建久九年（一一九八）の検注によって定められた通りの年貢等の貢進を確保することを目指したもので、建仁元年（一二〇一）郷々の年貢絹の粗悪化を指摘、在家役の布、干鳥の納期四月までの運上を命じたのをはじめ（「吉田神社文書」『茨城県史料 中世編II』）、承元元年（一二〇七）には検注以後の年貢の未進が不明であり、沙汰人が進物を減らして多くの把稲を募ること、仏事料の紺藍摺、茜糸を納めないことを糺問したのである。

しかし沙汰人の未進、濫妨はやむことなく、建暦二年（一二一二）にいたって小槻氏は、文治二年（一一八六）、院宣によって発せられた頼朝の下知に基づき、幕府の命で下地を本所に付されたい、と幕府に訴えた（『吾妻鏡』建暦二年六月十五日条）。これに対し、幕府は、地頭ではない本所沙汰人の問題は成敗し難し、と返答したが、これは領家小槻氏の社領支配を保証する効果をもたらすものであった。

吉田社の造営は小槻氏の主導の下で、建久四年（一一九三）に行われたが、それから二十年を経た建保元年（一二一三）、吉田、那珂両郡の負担による造営、那珂東・西両郡の供料籾の催促を国司に命じた官宣旨を得て、小槻氏は造営を推進する。さらに建保三年（一二一五）、社内の田倉、竈神の造営も大戸・長岡郷等の負担によって行われることとなり、翌々年、小槻国宗は下文を発し、行事、定使包安による造営用途料の懈怠、作事不法を責めるなどの努力を払ったのである。

吉田社領は吉田、酒戸、河崎、吉沼、山本、常葉、袴塚、宇喜の八か郷に、新たに開発された西石河、細谷、佐渡、神生村によって構成され、大田文の田数では百五十八町六反半、束把で数える把稲籾、本数別の桑の賦課など古い形態を残している。また、馬場氏、石川氏、山本氏等、常陸平氏吉田流の地頭たちや吉田郷地頭北条時広等の地頭給、権祝田所、大祝、神主等の社司を独占する大舎人氏の給田、名田等は、小槻氏によって保証される形になっており、吉田社領は東国には珍しく荘園として整った体制を備えていたのである。嘉禄元年（一二二五）から寛喜元年（一二二九）にかけての伊勢内宮役夫工米《やくぶくまい》の賦課、催徴《さいちょう》も小槻氏の下文によって行われ、不入の勅免地としての体裁もまた保持されていた。

現地での社領支配は預所の関与の下に、地頭、田所、京と現地とを往復する定使等によって行われたが、承久の乱をこえると、ここでも地頭の非法が目立つようになる。これに対し小槻国宗は承久三年（一二二一）、その社内支配を認めた「鎌倉殿」の命を根拠に、「地頭等の自由の下知」を排除、神官、住人に対する支配の徹底をはかっており、寛喜元年（一二二九）の小槻氏の下文でも、犯過人の科料を地頭が独占、勝手に放免することを禁じ、領家一分、地頭一分、田所・定使一分の原則を守るべきことを指示した。この原則は寛元二年（一二四四）には「関東御式条新補率法」に基づくものとされており、小槻氏は幕府の力を背景に地頭の非法を抑制することにつとめたのである。

そして安貞二年（一二二八）、小槻氏は検注使紀氏を派遣、地頭代、田所権祝大舎人成恒とともに社領の検注を行った。すでに建久の検注で除かれた地頭石川家幹の女子男殿の開発した給田をはじめ、地頭給は除田とされ、建保元年（一二一三）に笠原大明神の敷地として開発された箕川村などはこの検注から除かれたようであるが、さきにあげた新田の村々はこのとき検注され、社領はさらに充実することになった（『水戸市史』上巻）。

その上に立って、さきの寛喜元年の下文で、小槻氏は領家の命は必ず文書により、口頭で自由に行わぬことを定め、さらに百姓の逃亡跡は地頭、定使が他人を招きすえて耕作させ、それができなかった場合には、能田、薄田を問わず協力して請け負い、在家役を懈怠なく納めることを指令した。

社領支配の体制はこうして整えられていったが、本来、天福元年（一二三三）に開始されるべき造営は、仁治二年（一二四一）三月一日に神宝進発、四月二日に正遷宮の予定が定められたにも拘らず、持夫の上洛が遅れ、三鳥居のほか多くの殿舎、廻廊が未作のままの状態であった。鹿島社の雑役などに事よせた社領の地頭たちの対捍がその原因で、宣旨、庁宣、関東の下知をたてにとり、定使貞保、田所成恒による鎌倉への直訴を指示する小槻氏の脅迫的な下文（「吉田神社文書」『茨城県史料 中世編II』）も、さして効果がなかったようにみえる。

しかもこのときの仮殿遷宮のさい、大祝恒光が関東の勘気をうけ、弁明のため在京中であったため（のちに還補）、田所成恒が「御正体」を渡したが、成恒は十三体を渡し残し、「御正体」を穢したために「疔瘡病」にかかるという不祥事がおこったといわれ、成恒はさらに、寛喜二年（一二三〇）、いったん田所職を罷免され、嘉禎元年（一二三五）に還補されたものの、宝治年中（一二四七―四九）、地頭北条時広によって所職を改易、名田畠得分を没収され、「永く敵対すべからず」と時広に誓って、その「恩顧の身」―被官となったともいわれているのである。

鹿島社と同様、ここでも社司大舎人氏一族の間の対立、地頭と社司、領家との対立が目立っていたが、その根底には新たに動揺しはじめた社会の動きがあったとみなくてはならない。

博奕を好む人々

安貞二年（一二二八）の酒戸、吉沼郷の検注取帳を見ると、条里で区分された田地が二十四人の平民百姓によって耕作され、半数は五反以上、十人が一町以上を請作していた。これらの百姓の請作地はこの郷のみで完結しているとはいえないので、軽々に結論を出すことはできないが、一町以上を保持する人々が基準的な規模という杉山博の指摘は的を射ていると思われる。そして垣安（恒安）、名主、守直などが若干の下人を所有していたことも想定しうる。

地頭、預所の主導によるにせよ、開発はこうした人々によって推進され、常陸・北下総は次第にきめ細かく開かれつつあった。とはいえ、この時期の水田はなお不安定であった。当時の常陸南部、北下総は入海が現在よりもはるかに深く入りこみ、河川が乱流し、全体として水郷地帯の様相を呈していた。日照りのときはよいにしても、雨の多い年にはこの辺の水田は不作となったに相違ない。また宝治二年（一二四八）六月十五日、関郡仁木奈利郷に雪が降ったが、こうした異常気象のさいには、全面的な凶作が襲ったであろう。

おのずと台地に開かれた畠地が生活の中に重い比重を持っていたことは確実であるが、それだけでなく主として山中での狩猟、広々とした河海での漁撈に携わる人々も数多くいたものと思われる。

この地域には博奕を好む人々が多かった。建保五年（一二一七）、吉田社領の定使包安は雙六の負債を償うため、造営用途―神物を使い込んだとして、領家からきびしく叱責されている。そこで「博奕は公家殊に禁制あり」といわれているが、もとより武家も同様で、幕府は悪党禁圧と結びついた博奕禁制を頻々と発した。にもかかわらず、仁治二年（一二四一）、国井氏と那珂氏の家人が博奕を打って処罰されたのをはじめ、宝治二年四月三日、常陸に悪党が蜂起、所々に訴訟がおこり、さらに建長二年（一二五〇）十一月二十八日には、雙六、四一半を好み、博奕をこととする「放遊浮食の士」が、とくに常陸、下総、陸奥に盛んであるといわれ、常陸守護宍戸国家、下総守護千葉頼胤、陸奥留守所伊沢家景にその禁圧が命ぜられているのである（『吾妻鏡』）。

こうした博奕を好む「悪党」の実態は明らかでない。ただその中に「うみかはに、あみをひき、つりをして世にわたるもの」「野山にしゝをかり、鳥をとりて、いのちをつなぐともがら」(『歎異抄』)、「悪」を思うさまにふるまう北郡の善乗房、さらに「鹿島、なめかたのひとぐ〳〵」(『末燈鈔』)のような、親鸞が常陸にいたときに接した人々がいたことは間違いなかろう。あるいは、この地域を特定した幕府の悪党禁圧令は、親鸞あるいは善鸞の影響をうけたこうした人々を直接に意識して発せられたのかもしれない。

しかし、惨憺たる寛喜の飢饉をよびおこした荒々しい自然、幕府のきびしい禁圧にもこれらの人々は決して屈してはいなかった。かつての「僦馬の党」のように、馬による交通、交易に携わる人々もいたであろうし、津々に根拠を持つ「海夫」たちも、漁撈だけでなく、河海での水上交通に従事し、広域的に活動していた。

相馬御厨の四至に見える「坂東大路」は、下総国府から常陸に抜ける古代以来の大道であったが、小栗御厨の南部にいまも残る「鎌倉」の小字名は鎌倉道の名残といわれる。また霞ケ浦の南辺、小野川の河口の浦渡宿(江戸崎町古渡)には、「鎌倉河岸」の地名があり、頼朝、政子夫妻が鹿島社に参詣するときに船を着けたという伝承が伝わっている。また現在の埼玉県三郷市や東京都葛飾区の鎌倉、千代田区神田の鎌倉河岸などの地名をあわせ考えると、鎌倉から東京湾に入り、内陸河川を通って、霞ケ浦、北浦に入る「水の鎌倉道」を想定することも不可能ではない。このように東国の都鎌倉を中心とする新たな交通体系が、常陸・北下総まで含みつつ形成されていたと考えられるので、それがさきのような人々の活動の舞台となったのである。

もとより内陸に深く広がる入海は外海ともつながっている。信太郡東条と海を隔てて相対する下総の神崎津は、海夫の根拠地であるとともに、鎌倉前期、おそくとも千葉義胤のとき以来、関銭の徴収を認められた水上交通の関所であった。文永九年（一二七二）十二月十二日の関東下知状（「伊豆山神社文書」）は、ここで伊豆走湯山五堂燈油料船五十艘の内の意鏡房の船から関銭を取った義胤の弟為胤の処置を不当と裁決しているが、この五十艘は治承五年（一一八一）、頼朝の下文によって諸国の関、津、泊を煩いなく通行しうる特権を保証されたという廻船で、恐らく伊豆だけでなく各地の津泊に散在し、広く東国の河海で活動していたのであろう。

この事実は入海の津泊にすでに関が立ちうるほど、頻繁な船の往来があり、そこを通過する廻船によって入海と外海が緊密に結ばれていた事実をよく物語っている。そしてこの水の道は日蓮の書状に記されている筑紫から鎌倉、さらに陸奥、「夷島」（北海道）にいたる海路にもつながっており、このころ西国に大量に流入していた宋銭は、この道を通って常陸・北下総にも流れこみつつあった。西国からだけではない。陸奥津軽の十三湊を窓口として、北廻りで宋銭の入ってくる可能性も十分考えられるのである。

吉田社領細谷村、吉田郷に桑が見られることは前述したが、年貢に粗悪な絹を出したとされるこの地域の人々は「国内第一の絹」といわれた精好の絹を恐らく売買していたに違いない。常陸全域にわたるこうした動きの中で、『庭訓往来』にもあげられた紬は、まもなく常陸の名産となってゆくが、これらの交易を通じて、銭貨はこの地域の社会にも本格的に浸透していった。それは社会全体にさまざまな変動をよびおこし、確立したかに見えた幕府の基礎を根底からゆるがしはじめたのである。

四　宝治合戦から霜月騒動へ

三浦氏の敗北

暦仁元年（一二三八）正月二十日、成長した将軍頼経は始めて上洛する。これに従う随兵の中に伊佐四郎蔵人、片穂六郎左衛門尉、那珂時久、下河辺行光、佐竹助義・義行、結城重光、笠間時朝、小田知定・時家、宇佐美祐村、関政泰などが見え、これ以後も那珂氏、片穂氏を除き、これらの人々をはじめ幸嶋時村、益戸三郎左衛門尉など、常陸・北下総の関係者が将軍の近辺に姿を見せる。

しかし仁治三年（一二四二）、執権北条泰時が没し、経時がこれに代るころから幕府をめぐる政情は緊張し始める。その中で寛元二年（一二四四）、頼経は「鎌倉殿」の地位を子息頼嗣に譲ったが、なお「大殿」として隠然たる力を持ちつづけ、同四年、経時の死後、執権となった時頼はついに頼経を支える一族の名越光時を討ち、頼経を京都に追った。これを前ぶれとして、緊張はさらに高まり、宝治元年（一二四七）、時頼は安達景盛（覚智）とともに三浦泰村を挑発し、六月五日、両者は鎌倉を戦場として激突、死闘の末、敗北した三浦一族の大半は法華堂の頼朝の絵像の前で自殺した（宝治合戦）。

この宝治合戦が常陸・北下総に与えた影響は甚大であった。まず泰村の妹を妻とする関政泰は常陸に下向する途中、泰村追討のことを知って急遽鎌倉にとって返し、泰村の軍に加わって戦い、子息四郎、五郎左衛門尉とともに法華堂で自殺した。その三日後の六月八日、常陸でもその郎従と小栗重信との合戦がおこり、重信は舎屋に火を放ち、政泰の郎従を屈伏させた。この結果、関郡とともに関氏の支配下にあった下総の大方郷も没収されて、北条氏の得宗領となり、その有力な被官諏訪氏が地頭代となった。

下総にも多くの所領を持つ上総権介秀胤もここで滅んだが、下総の雄族下河辺氏もこの事件にまきこまれたようで、以後『吾妻鏡』に全くその姿を見せなくなる。建長五年（一二五三）八月二十八日の下河辺荘の堤の築固めは幕府の手で奉行人が定められており、建治元年（一二七五）以前に金沢実時が知行していたことの確実なこの荘は、恐らく宝治以後、金沢氏に与えられたのではなかろうか。とするとこの合戦の結果、北条氏の勢力は北下総から常陸西部に大きく伸長したこととなる。

それだけではない。小田知重の子奥左衛門尉泰知は泰村の女子を妻に迎えており、三浦氏に連座して失脚、常陸守護は一族の宍戸壱岐前司国家（家周）に交替することとなったのである。宝治元年十二月二十九日、京都大番役の結番に当り、諸国の守護と並んで九番目に宍戸国家の見えるのを初見として、前述した宝治から建長にかけての悪党、博奕の禁圧に当って、国家は確実に守護として活動している。泰知が「奥」を名字に加えた理由は明らかでないが、陸奥の小田保を父知重から譲られたことによるものと推定され、この保はここで没収、北条氏所領となったと考えられる。しかし常陸の所領は、知重が子息たちを高岡氏、田野氏、小幡氏として分立させたのが幸いして、影響をうけなかったようで、泰知の子時知も、建長四年（一二五二）以後は将軍の供奉人として姿を見せるようになる。

こうして各地で勢力を拡大した北条氏は、これまたこの合戦で強大になった安達氏と緊密に結びつき、幕府内部でも得宗専制の体制を固めつつ、建長四年、頼嗣に代えて後嵯峨上皇の子宗尊親王を鎌倉に迎えた。頼朝、政子以来の長年の懸案はこれで実現し、「新皇」ともいうべき宗尊親王を頂点に戴いた幕府は東国の国家としての体裁を整え、西の王朝―後嵯峨の院政と呼応しつつ、時頼は自信に満ちてその政治を進めていった。

モンゴル襲来の前後

東国の都鎌倉には、将軍に近侍する東国御家人をはじめ、「道々の細工」（さまざまな手工業者）や商人も集住し、東国の王者にふさわしく諸制度も整備されてゆく。このころ常陸・北下総の関係者で、供奉人、随兵等に姿を現わすのは、二階堂氏、伊賀氏、結城氏の人々をはじめ、笠間時朝、小田時家・時知、宍戸家氏、宇佐美祐泰などで、ときに佐竹長義、田中知継、益戸三郎左衛門尉なども見え、建長六年（一二五四）六月十六日、「鎌倉中物忩」に当って着到した人々の中には真壁平六の名もあった。

康元元年（一二五六）三月十六日、大倉の小田時家の家が焼けたさい、以東三町の人家が全焼したが、これらの人々はみな鎌倉に屋地を持っていた。しかし、やがて制度の整備とともに御家人の家格も固定しはじめる。正嘉二年（一二五八）三月一日、将軍の箱根権現、伊豆山権現の二所進発の随兵に行方太郎跡として行方中務五郎、真壁孫四郎が加わっているような特別な例は別として、常陸・北下総の現地の人々の姿はほとんど『吾妻鏡』には現われず、同元年、問見参番となった幸嶋時村、文応元年（一二六〇）、昼番に列した宇佐美祐泰、弘長元年（一二六一）、引付衆となった小田時家、それに笠間時朝、小田氏、宍戸氏の人々が見られるのみである。

幕府の硬直化、得宗専制の進行がそこにうかがわれるが、弘長三年の得宗時頼、翌文永元年の執権長時の死とともに、幕府の政情は再び緊迫し、同三年（一二六六）、将軍宗尊は京に追い返され、わずか三歳にもならぬ維康王がそのあとをつぐこととなった。そして同五年、モンゴルの国書到来とともに執権となった得宗時宗は、安達泰盛に支えられつつ、文永九年（一二七二）、兄時輔、名越時章・教時を誅殺（二月騒動）、専制体制を固めつつ、二回にわたるモンゴルの襲来に立向ってゆく。

この間、常陸・北下総の人々の中で、九州、中国、四国の所領に下向してモンゴル軍と戦った人もいたであろうが、その実情は不明で、全体としてみると、この地域の人々に対してモンゴルとの戦争はさして大きな影響を与えていないようにみえる。

もちろん異国降伏祈禱令は鹿島社、総社をはじめ国内の神社に下っており、弘安五年（一二八二）十二月、将軍の命を奉じた形で、時宗は鹿島社に祈禱の賞として行方郡大賀村を寄進している。これをうけた大禰宜頼親は、治承の例によってこの地頭職を私領として知行、翌年、これを子息毘沙鬼童に譲った。

注意すべきは、大賀村が時宗によって寄進されている点で、弘安八年（一二八五）、斯波左近将監宗家が「近年拝領」といっている蔵成名とともに、行方郡にはここにいたるまで若干の変動がおこっていた。行方氏の一族のうち所領を没収された人があり、その一部は得宗、一部は北条為時（重時の子）の女子を母とし、同じく時継の女子を妻とした宗家に与えられたものと思われる。また多珂郡の安良川八幡宮の造営が、建治元年（一二七五）佐竹義国によって行われたと伝えられるのも、宇佐美氏の立場に変動があったことを物語っている。これらはいずれもモンゴル襲来前後の政治の変動が常陸におよぼした影響であろう。

さらに弘安七年（一二八四）、時宗が死に、幼い貞時が執権になると、政権をめぐる安達泰盛と内管領平頼綱との対立は極点に達し、その中で六波羅南方探題時国は召還され、常陸の伊佐郡に下向したのち、「年来の悪行」によるという理由で殺された。時国は佐介時盛の孫であるが、同じ年、時盛の子時光も佐渡に流され、佐介一族は大打撃を受けた。

この経緯により、伊佐郡がこのときまでに佐介氏の所領となっていたことが判明する。伊佐氏は仁治元年（一二四〇）を最後に『吾妻鏡』から姿を消すので、宝治以前に所領を没収されたのであろう。ただ時国誅殺ののちも、伊佐郡は佐介一族の手中に残されたものと思われる。

霜月騒動の影響

この年から翌弘安八年にかけて、安達泰盛の主導の下に、徳政を含む弘安の改革ともいうべき広範な改革が推進される。これに呼応して亀山院政下の西の朝廷でも徳政が行われ、七月十一日、常陸に下った院宣は、国衙の在庁官人や国祈禱所、惣社供僧の名田畠の売却、質入、武家被官への寄付を「公田の減失」「仏神事・国役の退転」の原因とし、本主への安堵を命じている。これは公家の所領回復令＝徳政令であり、総社神主清原師行はこの院宣を根拠として、翌年、神主職を石河兵衛入道朝日から取戻したのである（「常陸国総社宮文書」『茨城県史料　中世編Ⅰ』）。

しかし弘安八年十一月、泰盛は頼綱の指揮する御内人《みうちびと》に襲撃され、一族もろともに討死、全国各地で泰盛方に立った御家人たちが多数討たれた。この内乱―「霜月騒動」は再びきわめて大きな変動を常陸によびおこした。

泰盛自身の所領中郡荘が没収され、北条氏の手中に帰したことはいうまでもない。泰盛の弟重景が自殺した常陸の地は、恐らくここであったろう。小田氏の一族田中筑後五郎左衛門尉、同筑後四郎（知泰）も泰盛とともに討死、田中荘も得宗領となった。また、宍戸家政の子筑後伊賀四郎左衛門尉景家とその子息も鎌倉で討たれた。この人の常陸での所領は明らかでないが、あるいは小田一族の所領北郡が没収されたのは、その結果なのかもしれない。十四世紀初頭には北郡が北条氏一門領であったことを確認することができる（石井進「鎌倉時代の常陸国における北条氏所領の研究」『茨城県史研究』一五号）。

行方郡蔵成名を知行した斯波（尾張）宗家もこの乱でたおれ（『最上系図』）、小牧郷を含むとされるこの名も北条氏所領とされた。戦死者の交名（「熊谷直之氏所蔵文書」）に見られる行方小二郎がもしも行方氏一族ならば、行方郡の一部も同じ運命を辿ったに相違ない。元徳二年（一三三〇）十月一日の潮来長勝寺の鐘銘によって、潮来津が得宗領であったことは明らかであるが、行方氏からこの津を含む所領が没収されたのは、このときとも考えられる（網野善彦「地名と中世史研究」『関城町の歴史』四号）。

さらに奥郡のうち、久慈東郡加志村は二階堂行義の子義賢により、孫義員に譲られていたが、義員の父行継（三郎入道自性）がこの騒動にかかわり、それを扶持した義賢の後家尼とともに所領を没収されたさい、それに混って没収されてしまったと、義員は後年、得宗被官平宗綱に訴え、嘉元元年（一三〇三）、この村の知行を認められている（「水府史料所収文書」『茨城県史料 中世編II』）。これによって久慈東郡の恐らくすべてが得宗領とされたことを知りうる。

久慈西郡の瓜連も正安三年（一三〇一）以前に得宗領であったと推定され、佐都東郡の大窪郷内塩片倉村田五丁・在家一宇も同様で、同郡東岡田郷も幕府滅亡時に北条氏一門の詫間式部大夫の所領であった（石井進「鎌倉時代の常陸国における北条氏所領の研究」『茨城県史研究』一五号）。佐都東郡は全体が北条氏所領であった蓋然性は大きく、久慈西郡の場合も同様と思われる。これだけの大きな変動は、まず霜月騒動以外には考え難く、実際、久慈西郡の地頭二階堂氏の一族懐嶋道願（二階堂行景）はこの合戦で討死しており、佐都東郡地頭伊賀氏からも、恐らく犠牲者が出たのではなかろうか。

また永仁二年（一二九四）、多珂郡の安良川八幡宮の造営について得宗被官諏訪七郎盛宗が、「当荘の政所たるによって」とり行ったといわれていることも見逃し難い（「安良川八幡神社文書」『茨城県史料　中世編Ⅱ』)。佐竹氏がいったん回復したかにみえたこの郡も、霜月騒動を契機に得宗領となったのであろう。とすると、奥郡は佐都西郡を二階堂氏が、那珂西郡を大中臣姓那珂氏が保持していたのを除くと、すべてが北条氏所領となってしまったのである。

とすると永仁五年（一二九七）以降、大仏宗宣が地頭であったことの確実な下妻荘が（「大宝八幡宮文書」・『九条家文書』三）、この騒動のさい小山一族の下妻氏から大仏氏に移ったとする推定も、かなりの蓋然性を持ってくる。たとえこれらの推定のうちのいくつかが認められない場合でも、北条氏がこの騒動を通じて、常陸の中で他の諸氏を完全に圧倒する大勢力となったことは間違いない。「霜月騒動」が得宗専制の決定的契機であったとする見方は、常陸を見る限り、まぎれもなく正しいといわなくてはならない。

もちろん「霜月騒動」の没収地がすべて北条氏一門の手中に帰したわけではない。真壁郡本木郷は「弘安勲功」として佐々木頼綱に与えられ、弘安十年（一二八七）、頼綱はこれを次男義綱に譲与している（「朽木文書」）。ここから真壁氏の一族の中で、泰盛方に立った人がいたことが明らかになるが、元亨三年（一三二三）十一月三日の得宗被官工藤貞行の譲状に見える「ひたちの国田むらの村」（真壁町）（「遠野南部文書」）が同じ時の没収地であったとすれば（石井進「鎌倉時代の常陸国における北条氏所領の研究」『茨城県史研究』一五号）、これは得宗領となったわけで、北条氏以外の人に没収地の与えられた事例は、ごくわずかの例外といわざるをえない。

こうした北条氏一門、御内人の勢力の地すべり的な拡大に対する反発は、永仁元年（一二九三）、内管領平頼綱、助宗父子の誅殺─平禅門の乱となって現われる。これにともない常陸でも、久慈東郡加志村の二階堂義員の所領回復をはじめ、霜月騒動後に得宗被官新平三郎左衛門尉盛貞の所領となっていた大窪郷塩片倉村田・在家が、「正応没収の地」─平禅門の乱のさいの没収地として、いったん、大夫僧正坊忠源に与えられたのを停止し、正安三年（一三〇一）、本領主の鹿島大禰宜助氏に返付されたように（「鹿島神宮文書」『茨城県史料　中世編Ⅰ』）、本主が所領を回復したこともあった。早くから北条氏所領になったと見られる日吉社領片穂荘内東城寺が、幕府滅亡時、安達氏の一族城加賀入道道誓の所領になっているのも、あるいはその一事例かもしれない（「四天王寺所蔵如意宝珠御修法日記紙背文書」）。とはいえ、道誓を得宗高時の舅安達時顕であるとすれば（師顕とする説もある）、これは北条氏所領と同様であり、事実、片穂荘内の若森郷は徳治元年（一三〇六）、得宗被官千竈時家の所領であった（「長島千竈文書」・石井進「鎌倉時代の常陸国における北条氏所領の研究」『茨城県史研究』一五号）。

このように、多少の反発は現実化したとしても、大勢は全く動くことがなかった。それどころか正安元年（一二九九）十一月、百姓名を「上げ取り」、年貢を対捍《たいかん》した咎によって真壁荘竹来郷を没収された真壁浄敬の跡に北条氏一門の江馬越後四郎光政が入り、鎌倉末期、総社敷地の一部に三河前司（桜田師頼）、南越（名越）兵庫県大夫入道などの北条氏一門が田地を保持しているように、北条氏一門は鎌倉末期にかけて、むしろさらに所領を拡大しつづけているのである。

鎌倉後期の常陸・北下総の社会は、こうした北条氏の圧倒的な専制下におかれつつ、その歩みを進めてゆく。

五　鎌倉後期の荘園・公領と社会

荘園・公領の変化とその実態

鎌倉時代に入ってからも公領を寄進して荘園とする動きは続いていた。佐都東郡は松殿基嗣に寄進されて佐都荘となり、東西岡田郷とともに、青蓮院宮尊助法親王、後嵯峨院、大宮院、昭慶門院、世良親王と伝領され、鎌倉末期に至った（「天竜寺文書」）。大納言基嗣（天王寺入道）は建保元年（一二一三）から寛元元年（一二四三）まで活動しており、この間に地頭伊賀氏が寄進したものであろう。関郡も徳治元年（一三〇六）までに蓮華心院領関荘として、室町院領中の一荘となっており、これは関氏の寄進によるのであろう。

信太東条も弘安十年（一二八七）十二月、善海が「東条庄上条内祐村〔　〕」の例進戸帳の「去今両年分」一疋を熊野新宮に運上している事実（『熊野速玉大社古文書古記録』）から見て、これ以前、東条氏の寄進によって熊野社領となっていた。すでに酒依保を保持する熊野社は鎌倉後期以降、常陸にも多くの檀那を獲得していた。弘安十年、寂円が檀那常陸佐竹一門を孫小法師（証道房道賢）に譲与したのをはじめとして、正安二年（一三〇〇）には「くわのあこ女」が父良養房法橋から譲られた常陸水守の助阿闍梨の「門弟引旦那」を、大養房法眼に一貫文で売り、元徳二年（一三三〇）、法橋長深は北郡大増郷の住人「小和泉殿」の引檀那を熊女に譲っている（『熊野那智大社文書』一）。また、善寂坊律師済賢は真壁地頭を檀那とし、その那智山師職であったが、先達了覚が真壁光幹を他所の檀那にしようとしたのに対し、真壁一門は自らの「譜代の檀那」であり、光幹の母は済賢に付いていると訴え、正和五年（一三一六）、聖護院門跡の下知で師職の領掌を認められた。済賢はまた、光幹の布施物を覚秀が抑留したとして訴訟をおこし、その非法を認めた熊野山検校の御教書を与えられ、元亨二

郷名	地頭	田数	嘉暦三 (1328)	元徳元 (1329)	元徳二 (1330)	備考(雑掌の主張)
?	三河式部大夫政宗					正中2年以来抑留
若栗 弘岡 御安戸	近江式部大夫政平					嘉暦元年以来対捍
塙	越後左衛門大夫将監伊時		文			
飯岡	近江兵庫助政親		11 050			嘉暦2，3年未済
本郷	遠江式部大夫守政					正中元年より嘉暦3年まで5貫文対捍
	遠江幸寿丸					正中元年より嘉暦3年まで4貫文対捍
		反	文	文	文	
上茂呂 竹来 青谷	三郎	253.大	4 058	4 060	5 456	
上高井 下高井	殊鶴	232.大	4 690	9 503	4 647 2 324	
矢作 同郷 木曾分	式部大夫	101.0	1 760	1 200	1 498 288	
下大村	蔵人	55.半	888	300	947	
初崎	遠江修理亮					正中2年以来対捍
大岩田 安見	駿河式部大夫高長			13 037		
大村 吉原	(惣領分)　代官良円					正中2年より嘉暦3年まで対捍(?)
福田 竹岡 荒川	(庶子分)　代官良円					
弘戸 土浦 小池 古来 鳥山	(不明)					

●表3　信太荘地頭年貢表（『中世東寺と東寺領荘園』より）

年（一三二二）にも惣領幹重等の願文、正和の下知によって師職を安堵されている（『熊野那智大社文書』五）。このように地頭一族内部の対立もからみ、熊野の師職、先達たちの間にも争いがおこっているが、そうした競合を通して、以後の常陸には熊野衆徒を師職とし、檀那となる人々が激増してゆく。東条氏の所領寄進もこうした動きの一端であった。

鎌倉期に入って、伊賀氏、関氏、東条氏などが所領を京都の権門、寺社などに寄進した動機の一つは、現地での立場を固めるためであったろう。しかし北条氏にとってかわられた伊賀氏、関氏の運命が示すように、東国の政治、社会に対して京都の朝廷や寺社のおよぼしうる力は、ますます小さくなりつつあった。

その中でも譲与や寄進によって支配者の変化はあり、村田上荘が山門地蔵院僧正房全に伝領され、妙法院門跡領となり、田中荘・下妻荘は九条家領になっている。また下総の松岡荘も慈円、慈源と伝えられて青蓮院門跡領になり、下河辺荘が八条良輔の所領となったこともあった。建長二年（一二五〇）の九条道家処分状に見られるように、小栗御厨も伊勢神宮に上分のみを進める九条家領になっているが、小鶴南荘とともに地頭請所であり、このころの常陸・北下総の荘園はみな同様だったと思われる（『九条家文書』一）。

そして永仁五年（一二九七）、大仏宣時の奉行人たちが下妻荘地頭代である宣時の弟直房に、九条家への年貢絹、綿の代銭百五十貫文を進めているように、年貢は代銭納されるのがふつうになっていた（『九条家文書』五）。

文保二年（一三一八）、後宇多法皇は信太荘を東寺供僧、学衆に寄進する。法皇は八条院以来の本家職を掌握していただけであるが、嘉暦三年（一三二八）までに領家職も手中にした供僧、学衆は、この年は三十貫文、翌年は四十貫文、翌々年以降は五十貫文を貢進する条件で、讃岐法橋定祐を関東における代理人―「関東雑掌」に補任し、地頭たちとの訴訟に当らせた。定祐は幕府に活発に働きかけ、関東下知状、関東御教書を得て、諸郷を分割知行する北条氏一門の多数の地頭たち、三河政宗、近江政平、同正親、越後伊時、遠江守政、駿河高長等と個別的に交渉、嘉暦三年に三十五貫文、元徳元年（一三二九）に三十六貫余、同二年に十五貫余の年貢銭を入手することができたのである（「東寺百合文書」・網野善彦『中世東寺と東寺領荘園』）。六十六郷、公田八百二十六町の大荘の年貢としては余りにも少額であるが、鎌倉末期の東国の荘園としては、まだしもよい方であった。供僧、学衆をはじめ、畿内、京都の荘園支配者は、その後も東国の荘園の知行をあきらめたわけではなかったが、南北朝動乱とともにそのほとんどが不知行になる徴候は、はっきりと現われていたといえよう。公領についてもそれは同様であった。

注目すべきは、信太荘にかかわる「関東雑掌」となった定祐で、この人は元亨元年（一三二一）、山河判官入道暁尊が称名寺に寄進した下総国結城郡下方内毛呂郷にもかかわりを持ち、この年、定覚と連署して西毛呂郷の田畠・在家の得分注文を注進し、この郷にかかわる訴訟にも奔走しているのである（「金沢文庫文書」）。恐らく定祐は鎌倉にいて、専らこうした荘園、公領にかかわる訴訟、所務等に携わる専門的な請負人だったのではなかろうか。畿内、京都の荘園、公領の支配者は鎌倉在住のこのような人を通じて、ほそぼそとその年貢銭を受け取っていたのであろう。

しかし、金沢（横浜市）の称名寺のような東国の寺社の場合は異なる。さきの定祐等の注進した西毛呂郷では、給主屋敷と三十四宇の平民百姓の在家、給主手作分一町五反、堤・堰・辻宇地などに開かれた田地を含む田二十六町二反大、畠一町一反から二百九十六貫五百文（文書には三百三貫五百文）が進められることになっており、地頭職を知行した場合の収入は大きかったのである（『結城市史』第四巻）。

北条氏一門の荘園・公領支配

興味深いことに、信太荘の関東雑掌定祐とともに、西毛呂郷の注文に連署した定覚は、同

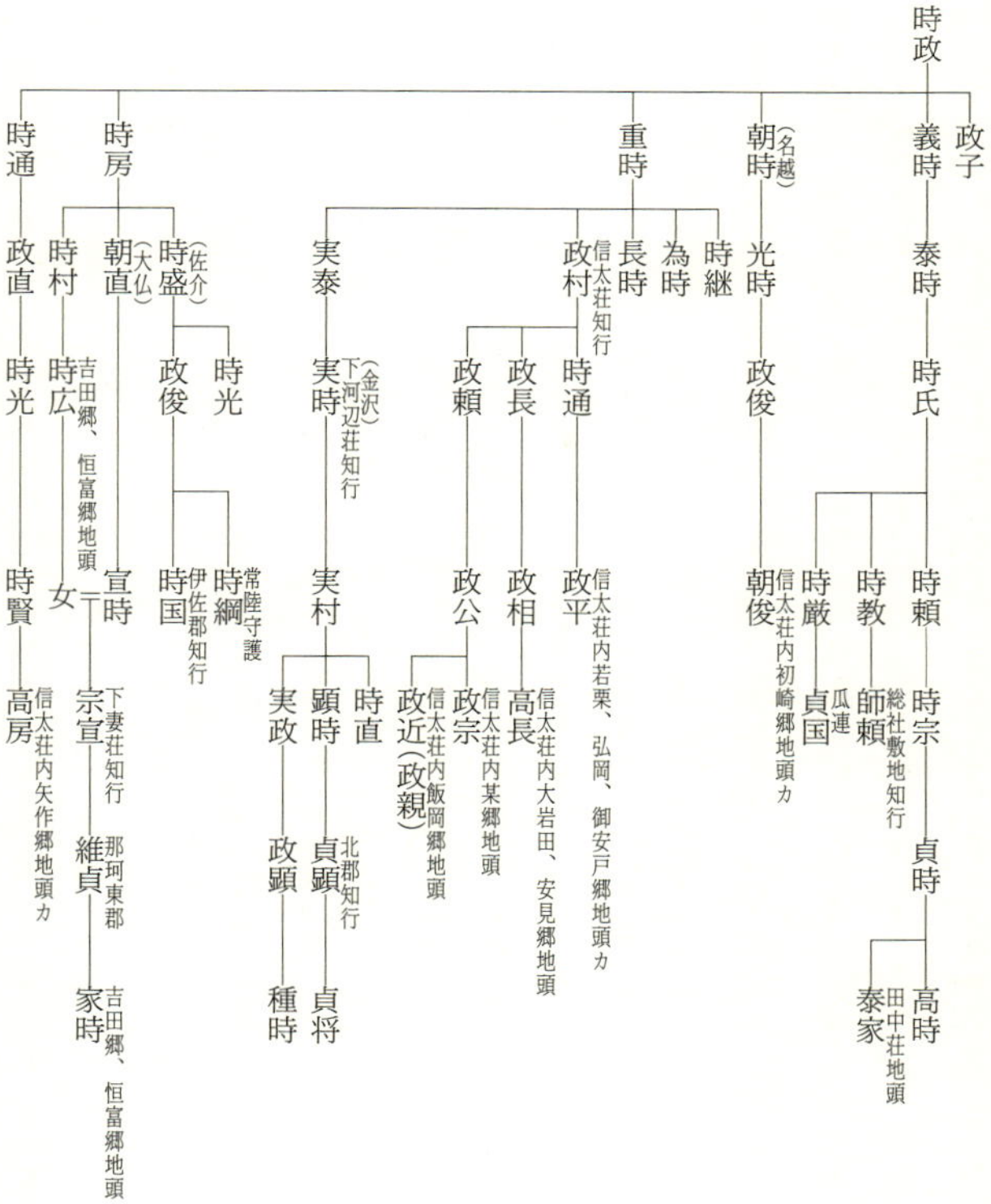

時政
政子
義時
泰時
時氏
時頼
時宗
貞時
高時
泰家
田中荘地頭
時教
師頼
総社敷地知行
時厳
貞国
瓜連
朝時
(名越)
光時
政俊
朝俊
信太荘内初崎郷地頭カ
重時
時継
為時
長時
政村
信太荘知行
時通
政平
信太荘内若栗、弘岡、御安戸郷地頭カ
政長
政相
高長
信太荘内大岩田、安見郷地頭
政頼
政公
政宗
信太荘内某郷地頭
政近(政親)
信太荘内飯岡郷地頭
実泰
実時
(金沢)
下河辺荘知行
実村
時直
顕時
貞顕
北郡知行
貞将
実政
政顕
種時
時房
時盛
(佐介)
時光
時綱
常陸守護
政俊
時国
伊佐郡知行
朝直
(大仏)
宣時
宗宣
下妻荘知行
維貞
那珂東郡
家時
吉田郷、恒富郷地頭
時村
時広
吉田郷、恒富郷地頭
女
時通
政直
時光
時賢
高房
信太荘内矢作郷地頭カ

●図18　北条氏略系図

じ信太荘の上条弘戸・土浦・小池三か郷の地頭代にもなっており、定覚も定祐と同じく専門的な請負人で、北条氏所領にかかわりを持ち、信太荘の政所にも定祐とともに関係していたものと思われる。ただ、比較的早く北条氏所領となった信太荘の場合、他の郡・荘地頭の場合と同様、諸郷は北条政村の子孫たちに細かく分与され、「六十六郷に雑掌多くこれ在り」という状況であり、「惣政所」「惣管領の仁」による統轄は不徹底だったため、東寺の代理人となった定祐は個々の地頭代―雑掌と交渉しなくてはならなかった。

しかし弘安改革などを通して、関東御領とともに「御内御領」の体制が整備されてから、北条氏一門領となった郡・荘などでは、政所による支配が徹底して行われた。政所職には多珂郡の諏訪氏のような得宗被官、下妻荘の大仏直房のような地頭の近親がなり、下妻荘年貢銭について書下を発した宗賢、貞長、性観のような奉行人が、地頭の意をうけて運営したものと思われる。

そして郡・荘は政所直領、政所例郷、別納の地に分けられ、佐都東郡塩片倉村の田・在家が平盛貞、忠源に与えられたように、政所例郷は御内人ないしそれに近い人々が給主、給人として預け置かれた。しかし下妻荘で「本主知行分七ケ所、未だ存知せず」といわれたのが別納の地で、政所職を大仏氏が掌握したのちも「本主」―前地頭下妻氏の一族のうち、一部はそのまま郷を知行したのである。

金沢氏一門の女性とみられる南殿の所領となり、金沢氏によっていったん称名寺領とされ、幕府滅亡時、得宗貞時の妻安達氏＝大方禅尼の所領であった北郡についても、政所職は金沢氏のものであったが、河俣郷地頭宍戸家貞、小幡・菅間両郷地頭藤原氏女、上曾郷地頭上曾三郎、高倉郷地頭弥四郎など、小田氏の一族は依然として郡内の諸郷を別納の地として保持し続けている（石井進「常陸国における北条氏所領の研究」『茨城県史研究』一五号）。また久慈東郡加志村の伊賀義員や、佐介流の所領伊佐郡の内の石原田郷が伊賀頼泰の所領として永仁二年（一二九四）に光貞、嘉暦二年（一三二七）に光貞から子息盛貞に譲られているのも（「飯野文書」）、別納の地の事例と見てよかろう。

しかしこうした別納の郷の地頭たちも、年貢・公事を未進・対捍すれば、直ちに政所例郷とされ、例郷の給主が未進すれば政所直領とされるなど（『中世法制史料集』第一巻、鎌倉幕府法追加法四九〇条・五四五条）、郡を統治する郡政所の流れを主として継承しつつ、惣領として主従関係の頂点に立つ惣地頭職の立場をあわせ持つ北条氏の郡・荘政所による支配は、これらの地頭、給主たちをきびしく統制していた。

常陸において圧倒的な広さを占める個々の荘園、公領に対する支配だけでなく、北条氏は個々の分散的な所領を通じて交通の要衝を掌握していた。白浜を含む蔵成名―外小牧村、霞ケ浦・北浦の出口を扼する潮来津がその所領とされていることにも、それはよく現われているが、注目すべきは、その近隣の延方津（潮来町）に、北浦に東面して潮来から移ったという普門院があり、その地にもとからあった地蔵堂の本尊は船越地蔵といわれて忍性作の伝承を持ち、北浦をこえて延方と対面する大船津も忍性による修築の伝承を持ち、同じく北浦に西面する地蔵院があった点である。

忍性は建長四年（一二五二）、小田氏の所領筑波郡三村郷の三村山極楽寺に根拠を置いてから、北郡小幡（八郷町）の宝薗寺をはじめ、北条氏所領の片穂荘の東城寺や信太荘宍塚（土浦市）の般若寺にもその影響をおよぼした。三村寺に建長五年九月十一日の日付を持ち「三村山不殺生界」と刻された結界石を残したのをはじめ、般若寺、東城寺などにも同様の結界石を立てている。忍性と北条氏との結びつきはすでにこのころ以来のことであったが、弘長二年（一二六二）、叡尊の関東下向を契機に忍性が鎌倉に移り、その極楽寺に入ってから、両者の関係はさらに密接の度を強めた。一方、忍性は多くの橋を渡し、津泊を修築しており、事実、西大寺流律僧と水上交通との関係は西国においてきわめて緊密なものがあった（網野善彦『蒙古襲来』）。

叡尊の鎌倉下向のさい、将軍宗尊親王の乳母で土御門大納言通方の女子一条局が南郡塩橋村（石岡市）を寄進し、殺生禁断の地としているが、北条氏所領となったと見られるこの村も、山王川が霞ケ浦に入る辺りの交通の要衝だったのである。さらに鹿島社の近辺に律僧の寺があり（『雑談集』）、それも忍性の足跡とされている（堤禎子「無住と常陸北ノ郡」『日本仏教史学』一七号）。とすると、すべて状況証拠とはいえ、さきの延方、大船津の伝承を事実とみて忍性、北条氏に結びつけることも、無理な推定とはいえないであろう。いずれにしても、北条氏所領と交通の要衝とのかかわりの深さは動かし難い。

下河辺荘と倉栖兼雄

下河辺荘も前述したように北条氏一門の金沢《かねさわ》氏の所領であった。建治元年（一二七五）、金沢実時は荘内の前林・河妻両郷を後妻藤原氏（尼蓮心）に譲り、この女性は弘安元年（一二七八）、願文を捧げて両郷の安穏を祈っている。

一方、永仁元年（一二九三）までに金沢氏の被官鳥子兵衛三郎跡、上野蔵人二郎跡、片山入道跡の下河辺荘下方の三十五町四反小四十歩の村々が、金沢氏の寄進により、称名寺の寺領とされている。これによって明らかなように、荘は上方・下方、さらに新方に分れていた。

称名寺の寺用としては、金沢貞顕、金沢殿、入殿、山本殿が河辺・野方、佐ケ尾殿が佐ケ尾郷、谷殿（尼永忍）が前林・河妻郷の米銭、合せて米四十九石一斗九升三合五勺五才、銭六十八貫六百四十九文、南殿が北郡の米六石、銭十一貫五百文などを、他の金沢氏の所領とともに負担、実時が定めた通り配分し、未進したときには、「諸政所は御内御沙汰として」罪科に処せられることとされている。

下河辺荘、北郡など、金沢氏の各所領の政所が「御内」―得宗を頂点とする北条氏一門全体の統制下にあって、その所領を統轄していたことは、これによっても明らかであろう。

こうした金沢氏の所領の中で、下河辺荘は最大の規模を持っており、嘉元三年（一三〇五）、瀬戸橋（横浜市）の造営に当って、金沢氏所領に賦課された棟別銭の中で、下河辺荘新方は百十六貫五百八十六文、野方は四十三貫三十文、全体の約七割を負担、北郡十一貫八百七十文など、他の所領と比べて格段の量を示し、瀬戸橋は六浦と下河辺荘の棟別銭でその功を終えたといわれている。

金沢氏の御内人倉栖兼雄はこの荘の築地郷の地頭代―給主として、荘の管理にもかかわっており、嘉元三年、赤岩郷の用水の樋について、称名寺の剣阿からの申入れに対し、貞顕の御教書を堤奉行人に付したと返書を送っている。大河にはさまれたこの荘を維持するためには堤の修固が必須の条件であり、堤奉行人が置かれていた。兼雄は父の代から金沢氏の御内人であったが、『徒然草』の作者吉田兼好の兄弟である蓋然性は非常に大きい（林瑞栄『兼好発掘』）。この推定が認められるならば、兼雄は卜部氏、京の官人の一流で、文筆によって金沢氏に仕えた人ということになる。大江氏、中原氏、清原氏などの幕府の文筆職員、陰陽師、舞人などの職能人の場合、京と鎌倉との交流は活発で、こうしたことは十分ありえた。実際、このような状況を背景に兼好は京都と金沢をたびたび往反し、京、鎌倉のそれぞれの世界から自由な立場に立って、人間の本質を見きわめようとしたのである。

文保元年（一三一七）十二月、兼雄は作事料足の調達のため、翌年から六か年、二百貫文の直で築地郷を上野国村上住人尼常阿に沽却《こきやく》（売却）したといわれ、兼雄の死後、元亨三年（一三二三）、子息掃部助四郎は常阿から返却を求められている。金沢貞顕の代官円信はこの訴えを跡形もないことと反論したが、その中で円信は常阿の提出した沽券は、金沢氏家人鳥子利時の後家妙阿がこの郷の年貢を来納（納期以前に納入）したとき、銭を借りた常阿に書き与えた文書であること、文保二年、妙阿はこの郷で継子鳥子顕忠を殺害・逐電し給分を没収されたこと、その後、清原職定の後家（常阿か）が妙阿から得た沽券を根拠に訴え出たことなどを述べている。

事情は明らかでないが、兼雄または妙阿が築地郷を年季売したことは間違いない。その理由が作事用途のためであったことに、鎌倉末期の北条氏の奢侈の一端をうかがうことができるので、その負担は御内人たちの肩に重くのしかかっていた。当然それは荘の住人にもおよんでくる。応長元年（一三一一）赤岩郷内河の住人二郎太郎は、三十六歳になる四郎太郎を質に入れ、称名寺から二貫六百文の用途を借り、正和二年（一三一三）にも輔□という人が荘内の在家二宇・田二町を質に、何貫文かを称名寺より借用している。このような田畠等の所領、人身の質入、売買は当時広く行われるようになり、社会を根底から流動させていたのである。

金沢貞顕の子貞将は正慶元年（一三三二）二月、この荘の赤岩郷、武蔵国六浦荘等の所々を不輸の地として永代、称名寺に寄進するとともに、父祖三代にわたる寄進地の管領を保証した。同じ年十二月、下河辺荘政所の奉行人とみられる僧円久・沙弥法教は一円不輸の地として沽却された荘内の地―恐らく赤岩郷について、検断以下の介入をしないこと、荘内の緑河堤の修固は百姓たちの役として行うことなどを称名寺に約束した。以後、赤岩郷は金沢氏の滅亡後も、長く称名寺領として保持されてゆくこととなる。

大掾・在庁諸氏と府中

一方、北条氏のこうした進出の中で、常陸守護は宍戸氏から再び小田氏嫡流に戻り、正応四年（一二九一）の氏名未詳の「沙弥某」を経て、正安三年（一三〇一）には小田宗知の守護在職を確認しうる（佐藤進一『増訂鎌倉幕府守護制度の研究』）。しかし霜月騒動にいたるまでの再三の打撃をうけて、小田、宍戸両氏の所領はついに筑波北条、南野荘、小鶴荘、北郡の一部にまで縮小、守護領としては著しく貧弱な状況に陥った。常陸の守護所の所在地が明らかでなく、他の諸国でしばしば見られるようなそこを中心とする都市の形成の動きをほとんど見出しえないのは、この辺にその理由を求めることができる。

これに対し常陸平氏諸流のうち、行方氏、真壁氏は一部の所領を失ったが、影響は軽微にとどまり、小栗氏、鹿島氏、東条氏も鎌倉中期以降、幕府政治の表面に姿を見せず、それが逆に幸いしたのか、内乱・政変の台風をやりすごし、ほとんど被害をうけていない。さらに吉田氏およびその支流馬場氏は北条氏一門に接近することによって、むしろその立場を固めたのである。

馬場氏はすでに正元元年（一二五九）、国府佐谷氏を名のり、朝幹の子孝幹は大掾を名字とし、正安三年（一三〇一）、孝幹の孫時幹も国府大掾を称している（「鹿島大使役記」）。孝幹の子常陸新大掾光幹は父に先立って早世したが、北条氏被官工藤次郎左衛門入道理覚の女子を妻に迎え、その間に生まれた時幹は末子でありながら、代々の幕府の下知状を所持、大掾職をはじめ所領のすべてを管領した。その結果、異母兄常陸大掾次郎経幹は徳治二年（一三〇七）、所領がないため「餓死に及ばんとす」とまでいって、資幹以来の墓所佐谷郷給主分を充て給わりたいと訴えているが（「金沢文庫文書」）、北条氏被官を外祖父とする時幹の立場は動かなかったものと思われる。

同じころ、大掾時幹、大掾次郎経幹、馬場左衛門次郎、大掾孝幹女子等の大掾一族と並んで、北条氏一門の名越兵庫大夫入道、三河前司（桜田師頼）が総社敷地の一部を知行しているのも、大掾氏と北条氏とのかかわりの深さを示すもので、光幹と工藤氏の婚姻もそこから生じた関係にほかならない。

とはいえ「公家武家兼帯」といわれたように、大掾をはじめ在庁諸氏は北条氏をふくむ武家―関東の公事を勤めるとともに、公家―国守への奉仕を義務としており、府郡の諸郷についても佐谷郷のように地頭職と給主職が並存していた。実際、荘園の場合と同様、その支配の実質は小さくなりつつあるとはいえ、知行国主―国守は文永十一年（一二七四）六月、大嘗会用途料反別三升米の公田への賦課を留守所に命ずる庁宣を発したように、役夫工米など諸国平均の課役賦課をはじめ、宣旨・院宣を施行している。また未進は多かったであろうが、鹿島社領の鹿島・行方両郡を除く十六郡の正税は、大掾、税所、弓削、椙大夫などを沙汰人として徴収され、これらの在庁たちから三日厨《みつかくりや》によって迎えられて府中に入る目代、国司代も、留守所下文によって弘安八年（一二八五）、椙大夫大春日高家の孫次郎への稲富名の譲与を安堵、翌年には弘安徳政の院宣に基づく裁許を下すなど（「常陸国総社宮文書」『茨城県史料中世編Ⅰ』）、なお実質的な機能を果していた。便補保＝大蔵省保の笠間保もなお生きており、正応元年（一二八八）、下総国大須賀保とともに大蔵省幣料を負担している（『勘仲記』）。

しかし、幕府の統治権下にある東国の常陸の場合、国衙の支配は幕府の力に依存することによってはじめて維持しえた。宝治元年（一二四七）四月、吉田社領の郷々地頭住人に対し、外宮役夫工米の進済を命じた幕府政所奉行人連署の下文が発せられたことは、役夫工米の賦課・徴収が幕府によって行われたことを明らかにしており、大嘗会米徴収の実務が幕府の手中にあったことも、元応二年（一三二〇）の賦課の状況から見て明らかである（石井進『日本中世国家史の研究』）。

また、永仁五年（一二九七）四月の留守所下文は、府中田畠は国衙一円の地として幕府も認めるところで、御家人など「非器」のものは知行できないとして、総社神主清原師幸が吉田氏一族の石崎弥次郎や山本氏に売った総社敷地の田畠の取戻しを認めているが、それは関東の永仁徳政令に基づく措置であった。さらに鎌倉末期には国衙正税の徴収も守護によって行われた形跡がある（「真壁長岡文書」）。

その中にあって大掾氏は北条氏と結びつきつつ留守所を掌握していった。鎌倉初期、目代・税所の連署により発給された留守所下文に大掾が加署するのは、承元二年（一二〇八）を初見とするが、その後、目代・国司代の単署、国司代・税所の連署などのさまざまな形をとった上で、目代・大掾・税所三名連署の様式がほぼ定まるのは永仁五年（一二九七）で、そこに大掾の留守所における立場の確立の一端が現われている。

しかし下文に大掾と連署した税所自身、鎌倉初期までは百済氏の世襲であったが、すでに文永三年（一二六六）、常陸平氏吉田流とみられる平広幹が税所を名字としており、弘安十年（一二八七）前後には親幹が税所氏の惣領であった。正安元年（一二九九）、税所誠信（忠成）の遺領をめぐる子息宗成と親幹の争いは、いったん、和与（示談）により解決したが、塩橋田・在家などをめぐって相論が再燃、乾元元年、親幹が大橋郷三分一内の在家二宇・田二町、古国府弥太郎在家などを宗成に避《さ》り渡し、鎌倉大番役は宗成九日、親幹十一日の割合で勤仕する条件で再び和与が成立している（「税所文書」『茨城県史料 中世編Ⅰ』）。その後、宗成の近親と見られる平岡家成は元亨三年（一三二三）、親幹のあとをうけた惣領成幹に南郡菴沢郷給主分、稲国名内新藤太入道屋敷などを譲る一方、元弘元年（一三三一）、庁宣によって府中元久名、健児所検断職を安堵された。

ここで家成が百済姓を名のっている点に注意すべきで、「成」を通字とする税所氏はかつての百済氏の流れにつながるものと思われるが、一方では忠成・宗成が吉田・山本郷地頭山本望幹の子・孫とされており、百済氏と常陸平氏吉田流とは、姻戚・養子等の関係で強く結ばれていた。そしてこの関係は結局、大掾氏と密着する常陸平氏吉田氏が税所職、百済氏流が健児所検断職を相伝する形に落ちつき、税所職は常陸平氏の手中に帰したのである。

それだけではない、棢大夫大春日氏の所領の一部も大掾氏、平岡成幹、野寺郷地頭益戸氏などに押領され、大中臣氏の知行する香丸名も守景の譲与により、税所宗成（石河氏）の手中に帰した（「石河氏系図」・「吉田薬王院文書」『茨城県史料 中世編II』）。さらに総社神主職も清原師信が石河兵衛入道朝日に譲与、あわや常陸平氏のものとなろうとしたが、弘安九年（一二八六）、師信の伯父師元の孫師行が弘安徳政令によりこれを回復、ついで師幸が永仁徳政令に基づいて総社敷地を取戻し、さらに元亨二年（一三二二）の後醍醐天皇の徳政によって翌年、米吉名の田地を取返すなど、もっぱら徳政に依拠しつつ、その立場を保ったのである。

師幸はその上に立って、正和五年（一三一六）、総社神主職、同物申職、同敷地田畠、在庁職、同米吉名等を子息師氏に譲り、これを惣領としている。

このように大掾・吉田一族は、婚姻、譲得、買得、押領などの手段で執拗な勢力浸透をはかり、鎌倉末期までには在庁諸氏の間での主導権を完全に掌握した。しかしその反面、国衙自体の常陸国内に対する権威もさらに低落しつつあった。正和四年（一三一五）、南郡・北郡・筑波北条・吉田郡等に造営役を賦課し、総社の造営を行おうとしたが、元応元年（一三一九）にかけて、地頭たちの総反撃をうけ、造営は恐らく不十分な結果に終ったものと思われる。これは国衙の力の低下を如実に物語るものといえよう。

そして元応元年、椙大夫大春日光家の訴訟を支持して書かれた、総社最勝講衆四名、同供僧・最勝講衆七名、庁供僧五名、大掾時幹を筆頭とする掾官八名、百済家成などの中座五名、書生十一名、一分五名、御子八人、国承仕、国掌、国雑色二人、国舎人四人の連署訴状の示すような、大掾に率いられた在庁・供僧等の集団は、その足下の「国衙一円の地」として、都市に成長しつつあった府中の支配集団の性格を備え始めていた。

鎌倉末期になれば、国府には六斎市が立ち、高浜津などに出入する船や商人たちから市津料が徴収されている（『教王護国寺文書』巻二）。そして府中元久名の中に大町屋五宇があり、都市的な場を示す「地」を付した木地七宇、桶地二宇、飯地三宇が見られること、左衛門巷、「かとちまた」などの地名が現われることは、交通・交易の活発化に伴い、府中に「屋」を持つ「道々の細工」や商人が集住し、町・巷が形成されつつあることを物語るものといえよう。そして元徳二年（一三三〇）、養子徳房に三郎丸名上車田の田地二反を譲った供僧快智の譲状の末尾に、万一違乱をするものがあったときは「大掾殿・税所殿に申し、同じく府中在庁・供僧ゑ披露申して、府中を追出せらるべく候」という文言が付されたのを最初として、以後、譲状にはこうした文言を書くのが慣例となる。一個の都市領域として確立した府中の「地」を、さきの大掾・税所に率いられた在庁・供僧等の集団が支配・統轄する体制は、ここにはっきりとその姿を現わしたのである。

同じころ、霞ケ浦で府中と結ばれる鹿島社の宮中にも、神官たちの屋敷を中心に町が形成され、大船津等の津から津料が徴収されていたが、そこにいたるまでに鹿島社は内部のさまざまな対立を乗りこえなくてはならなかった。

鹿島社をめぐる相論

常陸の一宮としてだけでなく鹿島社は武神、「異国降伏」の神として、幕府の厚い尊崇を得ており、二十年に一度の造営も幕府の手によって行われた。その造営奉行人が幕府の任命によって定められたことは建久四年（一一九三）以来のことで、建保元年（一二一三）の造営を経て、弘長三年（一二六三）の造営に当っての惣奉行も、恐らく宍戸氏に代って守護の地位にあったと推定される小田時知であった。その後、造営は必ずしも順調でなく、正応四年（一二九一）に正遷宮が行われたのは造営の遅引によるものと思われ、正和四年（一三一五）の遷宮も同様であったろう。また正中二年（一三二五）に進行中の造営の奉行人は山河暁尊、小田貞宗、大瀬次郎左衛門尉、下郷掃部丞の四人であったが、暁尊は称名寺に毛呂郷を寄進した人、大瀬氏、下郷氏はともに元亨三年（一三二三）の北条貞時十三年忌供養記（「円覚寺文書」）に姿を見せる得宗御内人と並んで現われる人、ないしその一族で、この造営は小田氏に代って守護となった北条時綱の下での造営であった。

その祭礼のうち七月大祭の大使役が、鹿島、国府、行方、真壁、小栗、吉田、東条の常陸平氏七氏の巡役として勤仕される形は、資幹が府郡を掌握して以後、おそくとも建長元年（一二四九）までには完全に軌道にのっており、小使役も在庁名を基盤に在庁官人に差し定られた（水谷類「鹿島社大使役と常陸大掾氏」『茨城県史研究』四二号）。総社神主も「国府・鹿島大神事」のさいの雑役を勤仕しており、一宮としての鹿島社が大掾氏を中心とする国衙機構に支えられていたことはいうまでもないが、常陸国内に賦課されるこうした祭の雑役や鹿島社役の催促は、十三世紀半ごろには守護所によって行われていたのである。

前述した守護小田氏と大掾氏との対抗関係を考えると、ここに矛盾のおこってくることを予想しうるが、さらに鹿島社大宮司・大禰宜の補任権は依然として摂関家の手中にあり、実質的には幕府、常陸の人々と深く結びつきつつも、鹿島社の神官たちはなお京都とのかかわ

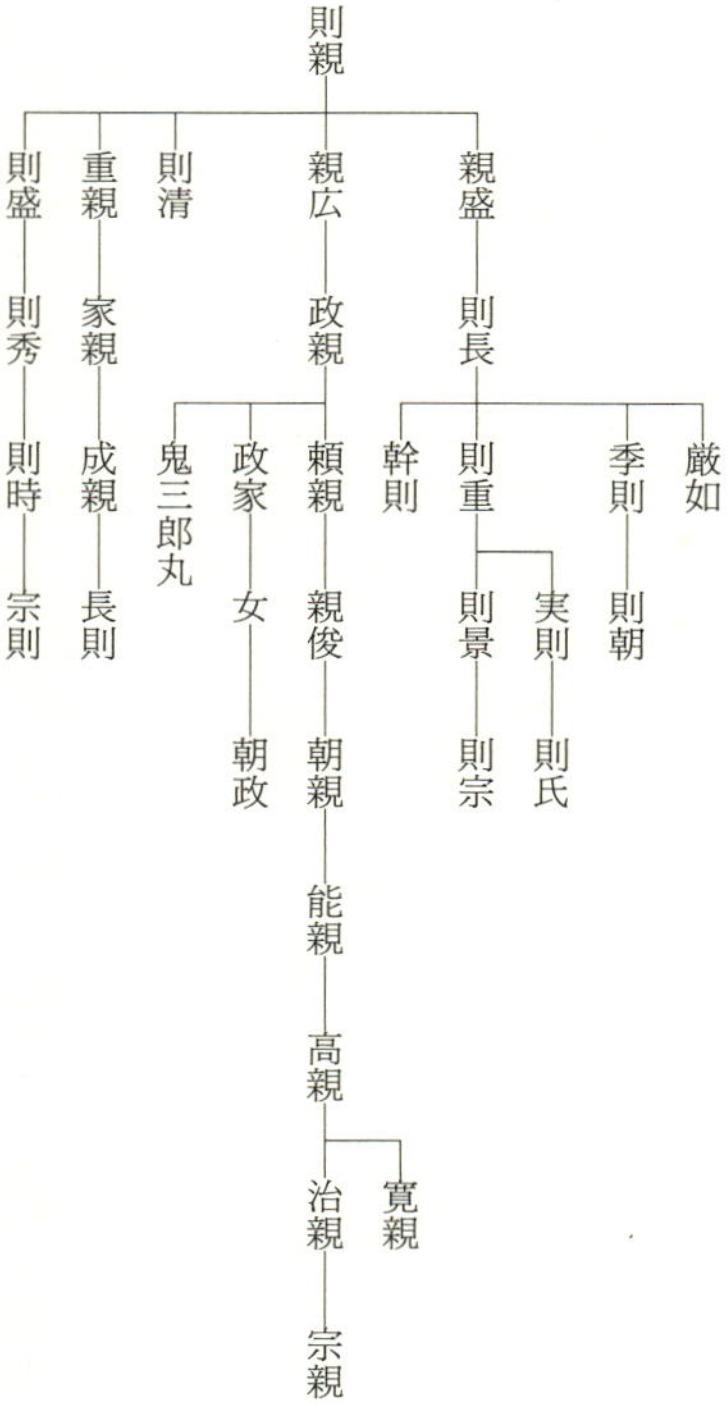

●図19　鹿島大禰宜中臣氏略系図

りを持ちつづけていた。すでに表面化していた鹿島社内部の矛盾は、こうした状況の中で鎌倉後期に入ると、一段と激化してくる。

惣大行事鹿島氏による社内への干渉はそれが爆発する契機となった。建長七年（一二五五）、鹿島忠幹は中臣則雄の死後、大宮司未補任の間をねらって大宮司の所領を管領、七月大祭を自らの手で行おうとした。子息幹景を神主桟敷に居住せしめ、忠幹は鹿島社をその掌中におさめようとする姿勢を見せたが、社家・府中在庁の反発、大宮司則光の摂関家への訴訟によって、これは新儀として退けられた。

しかし、地頭―惣大行事の干渉はこのときのみにとどまらなかったようで、一切の神事、祭礼、造営、遷宮等に地頭はかかわりなしとする主張がこのころ社家側からなされているが（「踏歌節会晴御膳外記方文書案紙背文書」）、鹿島氏は恐らく姻戚関係にあり、常陸平氏の通字「幹」を名のる中臣則幹を通じ、社家内部の相論に乗じて、この企図を実現しようとした。

大宮司職は則光ののち、文永二年（一二六五）再び大中臣定景が還補された。翌年、定景は南郡小河郷給主職となり、諸神官の補任記を作成、神官の役割を明確にしようと試みているが、文永十一年から弘安元年（一二七八）の間に、その地位を則幹によって、とって代られた。定景は「関東御勘気の身」といわれており、則幹との交替の理由はそこにあったものと思われる（「勘仲記弘安七年六月巻紙背文書」）。

この年五月六日、則幹は大宮司として権祝三田久守の所領弘富名およびその屋敷に対する権利を主張、これを摂関家に申し出ている（『勘仲記』）。久守はこれに反論し、翌年から三年間、三問三答の訴訟が行われ、弘安四年（一二八一）三月、政所での対決によって久守の領掌が認められた。ところが則幹は下国ののち六月、人勢を率いて久守の住宅を壊し取り、その後薗に作られた雑穀を刈り取って馬を飼うなどの濫妨を働き、六月の恒例神事から久守を追却するに到った。久守は再びこれを摂関家に訴えるとともに、則幹が二月にその下人を含む悪党たちを使って「不開御殿」の内に乱入させ、矢・剣以下の神宝を奪い取ったと非難した（「勘仲記弘安七年九月巻紙背文書」）。

一方、前大宮司則光も久守と同時期に則幹と訴訟していたが、ここに到って則幹の神宝盗失を糺弾、祭庭での刃傷、宿直番夜の無沙汰、他人所領の押領、さらに宮山の木竹を切り取り、住居に用いたため、神鹿が臥所《ふしど》を失ったとして、口をきわめてその不法をなじったのである。則幹は同じころ大禰宜流の中臣則景とも相論中で、その代官是心は則幹の代官家仲が、文函を切り破った罪で則景を訴えたまま、対決を避けて帰国してしまったと訴え出ており（「下郷伝兵衛氏所蔵藤原頼資卿兼仲卿兼宣卿記紙背文書」）、則幹に対する批判は三方から上っていた。

しかしその則景もまた大禰宜職をめぐる相論の渦中にあった。弘安二年、前大禰宜頼親は則景の兄弟大禰宜実則が日次御供を怠ったとして、何度目かの申状を摂関家に提出していたが、則景も頼親と同じ論点に加えて、鉾大明神社壇の小牧村を沽却した上、殺害の罪科を犯したと、実則を訴えていたのである（「勘仲記弘安六年冬巻、同七年四月・閏四月巻、同十月・十一月巻紙背文書」）。則景の近親と見られる則時もこの二人に同調し、ここでは実則が三方からの非難をあびていた。

則幹と実則の間にはなにかの連係があったのかもしれないが、弘安五年、頼親は大禰宜職に還補され、これを孫朝親に譲り、翌年、朝親が大禰宜に新補された。ところが朝親もまた弘安七年（一二八四）七月五日、日次御膳を怠ったとして改補、則景に交替するが、九月には再び朝親が還補されるなど（『勘仲記』・『新編常陸国誌』）、大禰宜職は則景・実則・朝親の間を転々として落ち着くところを知らぬ有様だったのである。

所領をめぐる対立は、橘郷を私領とする政親流、世谷・大窪・塩浜を伝えた則長流自体の中でもおこっていた。橘郷については暦仁元年（一二三八）、政親が子息政家に譲った倉員村が、政家の死後、その外孫倉員朝政に伝えられたことから、惣領頼親がその権利を主張、弘安七年（一二八四）の朝政、同九年の朝政の母との争いに勝訴してこれを確保した。ここで頼親は自らを「惣領職」とし、女子・他人には伝領の権利なしとしてその主張を通しているが、庶子たちの不満を潜在させつつも、さまざまな一族間の対立はおおよそこの方向で克服されてゆく。

一方の世谷・大窪郷の場合、則長は嫡子幹則に大窪郷南方・塩浜を、次男則重に大禰宜職と恐らく世谷郷を、三男季則に大窪郷北方の相賀村を譲ったが、幹則、季則の死後、大窪郷は建治三年（一二七七）、名主尼妙心の手に渡り、妙心との訴訟は南方については則重の子実則、北方に関しては季則の弟厳如が行うこととなった。そして厳如の死後、南北ともに訴訟を沙汰するようになった実則は正応三年（一二九〇）、ようやく妙心から大窪郷を取り戻したのである。ここでも惣領実則にすべてが集まる方向が進んでいたが、実則が永仁元年（一二九三）、夜討によって殺されたため、季則の子則朝と実則の子則氏との間で大窪郷・塩浜をめぐる争いが再燃、一応、正安元年（一二九九）、則氏の勝訴が確定している。

実則の死は大禰宜職をめぐる相論にも影響をおよぼした。正応元年（一二八八）までに則景、実則、朝親と転変したこの職については、さらに宗則という人物が登場、より複雑な争いになっていたが、正応四年にいたって、実則は日次御膳を怠り、則景は博奕の罪、宗則は異姓他人で、いずれもその権利なしとして朝親が摂関家政所下文で大禰宜職に補任された。実則はそのすぐ後に殺害されて姿を消すが、さらに地頭鹿島幹氏の郎従盛綱が現われ、いったん、大禰宜となるという事態がおこり、朝親はこれも異姓他人に資格なしとして、永仁四年（一二九六）、ようやく盛綱を却けて還補されることができたのである。

このように異姓他人には神領を知行する権利なしという論理によって、所職、所領を確保することにほぼ成功した朝親は正安三年（一三〇一）、大禰宜職と職領および私領橘郷・大賀村をすべて子息能親に譲り、ここで末子、女子、後家、異姓他人には一歩たりとも所領を永代譲与すべからず、という原則をあらためて強調した。実際、大禰宜職が転々としている間に、職領は地頭によって侵され、異姓他人に譲られて別相伝の地となり、さらに沽却されるなど、惨憺たる状況に陥りつつあった。嘉元元年（一三〇三）、関東と摂関家によって私領・職領の知行を認められた能親は、この事態を克服すべく精力的な活動を開始する。

能親にとっての最大の敵手は、大窪郷を手中に収め、正安三年には得宗とかかわりのある忠源を却けて、塩片倉村田・在家を回復し、大禰宜を称する則氏であり、能親は権禰宜であったころから妻を通じて実則の譲状を獲得、則氏は実則の子息に非ずと主張し、大禰宜職はもとより則長流の所領まで手中に収めようと試みたのである。大窪郷についてはその企図は通らなかったと思われるが、この訴訟を通して自ら子孫への大禰宜職相伝の体制をほぼ固めることに成功した能親は、職領における地頭の供米未進を追究、地頭たちと全面的な訴訟を展開する。

まず南郡大枝郷については、すでに永仁六年（一二九八）、地頭野本行心と訴訟を行った朝親が嘉禎の下地中分の原則を確認していたが、能親は嘉元元年（一三〇三）以来の供米未済を責めて、正和元年（一三一二）、その進済を地頭野本時重に命じた関東下知状を獲得、さらに新田栗俣村・岩瀬村についても下地の権利を主張し、同五年、時重は新田に対する地頭の権利を強調、公田を知行する以上、能親も関東公事を勤めるべきであると反論している（「塙不二丸氏所蔵文書」『茨城県史料　中世編Ⅰ』）。

また行方郡加納十二郷についても、能親は嘉元元年以来の地頭の供米対捍を追究しただけでなく、下地は社家と地頭との間で折中されており、下地の半分は屋敷・佃・名田として給主の一円知行であるだけでなく、地頭進止の下地についても検注権ありと主張、大峰郷吉河孫四郎春幹、成井村三郎太郎入道良円、大崎彦太郎幹高、六郎太郎助幹、相賀郷平氏、山田郷牛熊丸、行方余一太郎幹貫、小幡郷六郎太郎幹知、四六村輔行（西念）、行幹、行時ら、行方氏一族の地頭たちと全面的に争ったのである。

これらの多数の地頭たちについては徳治元年（一三〇六）、石神村の六郎四郎幹胤、六郎五郎定幹に対しては徳治二年（一三〇七）、行方与一次郎とその妻中村女子に関しては延慶三年（一三一〇）、それぞれ供米の進済を命じた関東下知状が下ったが、下地に関しては地頭側も強硬で、延慶元年（一三〇八）の相賀郷地頭平氏・法橋誓誉や四六村の西念たちのように、加納は頼朝以来の地頭請所として給主の所務権はないとするとともに、新田の村々は公田ではなく上分を供料とするのみで下地は地頭の進止と主張し、訴訟は一向に進展しなかった。

能親はまたこれと並行して、加納小牧郷についても、嘉元元年（一三〇三）以来、そのすべてを支配しようとした地頭十郎泰幹、与沢兼幹兄弟に対し、内小牧村は社家の一円進止、外小牧村も所当徴納の権利は給主にありとして訴えをおこしていた。ところが文保元年（一三一七）、兼幹は給主職を与えられたとして相賀、青沼、倉河郷に乱入、苅田狼藉の咎で所領を没収され、その跡を与えられた守護佐介時綱も内小牧村まで守護領としたため、能親はさらに守護を相手取って争わなくてはならなかった。

幕府での訴訟は当然停滞するが、能親はここで、これらの問題に加えて、用重名内の塙寺、南三昧院に対する平内左衛門入道、八田部兵衛太郎、孫二郎行重等の押領、用重名田の孫三郎禰宜、弥次郎禰宜等による押領、高桟敷等の下地の世谷兵庫亮則宗による押領を取り上げて摂関家に訴えをおこし、文保二年十一月、首尾よくすべてを能親（良親）の進退領掌と認めた関白二条道平の政所下文を得たのである。これは能親の立場を著しく強め、正中元年（一三二四）以前、またも一時的に宗則に大禰宜職を奪われたが、能親はこれを異姓他人として排除、正中二年（一三二五）に還補され、翌年、所職・所領を嫡子毘沙松（高親）に譲った。

地頭との訴訟はその後もつづけられ、能親が嘉暦三年（一三二八）、相賀郷の行方中務四郎入道女子と供米について争い、元弘元年（一三三一）には高親が大枝郷三か村、小牧村からさらに吉田郡戸田野郷まで手を伸しているが、それはもはや結実しなかったであろう。しかし能親の八面六臂の活躍によって、大禰宜職をめぐる紛争はようやく収束され、能親の子孫によるその相伝はほぼ動かぬものとなったのである。

他方、大宮司職についても、則光と則幹の中臣氏一族間の対立に大中臣氏がからみ、紛争がつづいていた。大中臣定景の子景幸は、この二人がいずれも謀書・殺害、則幹はさらに盗犯の罪科ありとして摂関家に訴えつづけ、弘安十年（一二八七）と正応五年（一二九二）に大宮司となっているが、再び則幹に職を奪われ、翌年七月、相伝文書の目録を副えて還補を求める申状を提出している（「勘仲記永仁元年十月・十一月巻、永仁二年正月巻紙背文書」）。しかしこれだけの罪科をあげて糺弾されながら、則幹は弘安二年（一二七九）には坂戸神主占部忠常の知行する坂戸村を社家の沙汰とするなど、支配の基盤を拡げつつ大宮司職を確保しつづけたものと思われ、南北朝期以降の大宮司は中臣氏に固定している。

鹿島社はこうした大宮司、大禰宜の所領や鹿島・行方両郡に散在する神官・供僧の名田を神領としていただけでなく、坂戸神主や息栖神主、さらに宮本郷の畠地を「すけさだ」という人から買った塙神主（『勘仲記弘安五年秋巻紙背文書』）などの末社の神主や、中郡磯部郷の磯部禰宜のような各地に散在する禰宜によっても支えられていた。この磯部郷の半分預所職については、弘長元年（一二六一）磯部次郎禰宜高重の嫡女大中臣氏（辰石）が継母藤原氏により所領を押領されたと訴えて相論となったが（『新編常陸国誌』）、弘長三年の関東下知状により、高重の母大中臣氏および高重の譲状によって毘沙石、犬石の二人の女子に与えられることになった。しかしその後も高重の子立用王（行重）は文永五年（一二六八）に亡父の遺領について継母を訴え、弘安四年（一二八一）にも磯部禰宜となった行重が犬石の神事対捍を問題にするなど、一族の間の争いがつづいている。この郷は室町期に入ってから大禰宜の所領になっている。

吉田社と神宮寺と大宝八幡宮

吉田社も社領に対する小槻氏の支配やその造営が幕府の力によって支えられていたことは前述したが、鎌倉後期に入ると、「御垂跡以後八百余歳」にわたって「当社大明神の氏人」として吉田社に仕えたと自称する大舎人氏一族が、他の神官や地頭と争いつつ、社領に対する支配の体制を整えていった。

権祝《ごんほうり》で田所であった成恒は定使貞保や吉田郷地頭北条時広との対立の中で、改易・還補をくり返しつつも、建長八年（一二五六）までその地位を保持し、まもなく所領を子息たちに譲った。

まず忠恒は、弘長二年（一二六二）に吉田本郷、文永二年（一二六五）、酒戸・吉沼・河崎郷の田所職を譲られ、領家の補任を得た。しかし忠恒は「物狂の身」で、「縄を付」され、「忌服をしない不浄の人」と非難されており、結局、文永八年、所労を理由に所職を子息長恒に譲った。

これに対し宗恒は成恒から吉田郷内の野井堀内、宿戸屋敷をはじめとする在家・田畠を譲られ、弘安元年（一二七八）、領家によって安堵されている。この所領を宗恒が子息重恒に譲ったさいに、田所長恒の干渉があったが、重恒は弘安九年に領家によってその所領を保証された。

また成恒の孫友恒は、弘安二年（一二七九）、本郷・山本・河崎郷の郷務を執行する立場を保証され、正応二年（一二八九）、それに細谷郷を加え山本郷を除く諸郷の預所職にあらためて補任されている。注目すべきはこれと同じとき、友恒が吉田社神主職に定補されていることで、恐らく同じときに重恒は大禰宜職になったものと思われる。それまでの吉田社には大祝恒光・恒高、神主代ともいわれた定使貞保・貞行が権祝の田所大舎人氏とともに活動していたが、忠恒を「物狂」「禁忌」の人として非難した恒高、長恒を本所に不忠としていったん田所となった貞行などを、大舎人氏は「異姓」の人ときめつけて却けることに成功し、新たに鹿島社に類似した神官組織を設けつつ、その中で圧倒的な優位に立つにいたったのである。

ただ大舎人氏本来の田所職を継承した長恒の立場は、形式的には低下したように見えるが、成恒が北条時広との争いに敗れ、その「恩顧の身」―被官となって以来、この一流は吉田郷・恒富四か郷地頭大仏氏と密接なかかわりを持っていた。その権威を背景に、乾元元年（一三〇二）、長恒が山本郷地頭山本幹重に対し、その祖父保幹が田所得分を抑留、「平民百姓」の手足公事を打ち止めたとして、訴えをおこしているように、長恒は社領に対する実質的な力を保持しつづけ、元徳二年（一三三〇）には権祝屋敷・名田畠・在家・田所職を惣領経長に譲り、庶子配分の地は一期の後、すべて惣領に付することを定めている。

社領内の諸郷の地頭職は石河氏、栗崎氏、山本氏、馬場氏など吉田氏流の人々に分け譲られていたが、延慶二年（一三〇九）の吉田社・笠原社の造営・遷宮のさいに「奥州御方」—大《おさ》仏《らぎ》宗宣が大きな役割を果し、乾元元年に宗宣が「正地頭」といわれていることからみて、このころの宗宣は諸郷地頭の上に立つ、いわば吉田郡・吉田社の惣地頭の立場にあったとしてよかろう。正安元年（一二九九）の領家交替に当って新たに雑掌となった頼秀が「当領家御方雑掌、関東御成敗を蒙るの上は異儀あるべからず」として、神職・地頭の濫妨を押えようとしているのも、鎌倉末期の社領支配が、大仏氏を含む幕府の力に決定的に依存していたことを物語っている。

吉田本郷に修理用途田を持ち、恒富郷内真美穴林村に別当の所領のある吉田社神宮寺にも、地頭大仏氏の力がおよんでいた。田所流大舎人氏はこの修理用途田や大般若田などの管理に当っており、長恒は永仁元年（一二九三）、酒戸郷の田地を神宮寺薬師如来に寄進しているが、長恒はこの面からも大仏氏とつながることになっていったであろう。

神宮寺の別当は広海から源成—帥僧都といわれた権少僧都成珍に譲られ、成珍は嘉暦二年（一三二七）、これを大弐律師良珍に譲った。成珍は税所氏の養子となった石河忠成の孫で、宗成の子息、山本郷・吉田郷を相伝し在庁香丸名を手中にした人で、元弘元年（一三三一）から翌年にかけて、このころ近衛北殿を本家とするようになった吉田社領雑掌祐真と争い、別当職・山本郷を本所一円進止と主張する雑掌に対し、成珍は神宮寺が公家・武家兼帯の祈禱所で、異国降伏祈禱をはじめ関東のための祈禱をしていると強調、本所のためにも毎年四季大般若経を転読する約束で、和与に持ちこんでいる。

成珍はこのように、幕府に祈禱を通じて奉仕する、御家人と同じ立場に立ち、大仏氏とも結びついて、延慶元年（一三〇八）には同じ大仏氏の支配下にある下妻荘の大宝八幡宮別当職にも補任された。この別当職はもともと覚舜が大宝郷とともに乾元元年（一三〇二）に嫡子備前房舜海に譲り、嘉元元年（一三〇三）に補任状を与えられ、徳治二年（一三〇七）、舜海の弟治部房源舜に譲与されたが、成珍は宗宣からの補任を得てこれに対抗、延慶三年（一三一〇）に別当となった源舜に対し、正和五年（一三一六）、再び宗宣によって還補されるなど、争い続け、ついに南北朝期に入り、貞和元年（興国六、一三四五）、源舜の弟舜聖を退けてこの地位を確保したのである。こうして吉田神宮寺と大宝八幡宮の別当職は、吉田氏流で大掾氏の一族石河帥僧都成珍の流れに掌握されることとなった（「吉田薬王院文書」『茨城県史料 中世編Ⅰ』）。

地頭一族間の争いと庶子の西国移住

鹿島社大禰宜中臣氏に見られたような所職・所領をめぐる争いは、郡・荘の地頭たちの一族の中にも広くおこっていた。

鎌倉後期に入ると各地域での開発はさらに細かく進んで新たな村が形成され、多数の郷・村の地頭たちが姿を現わすが、その場合、烟田氏、宮崎氏、中居氏、立原氏等々の諸流に分れた鹿島氏や前述した吉田氏、行方氏、上曾氏、小幡氏等を分出した小田氏のように、所領を分譲された庶子たちがそれぞれその地名を名字とするのを通例とする一族と、小栗氏、東条氏のように庶流をほとんど分出させないように見える一族とを見出すことができる。真壁氏も白井氏や長岡氏を分流させているが、長岡政光の子息は真壁を名字としており、下河辺氏も政義が益戸を名字とし、その子時員が野本を名のってからはこの二つの名字を専ら用いているので、後者に近いといえよう。

もとより後者の場合にも一族間の対立があったことはいうまでもないが、前者に比べれば惣領の統制が比較的行き届いていたといいうる。これに対し前者の場合、鹿島大使役や関東公事の勤仕を通じて、行方氏、吉田氏など郡単位の一族としてのまとまりも一応保たれてはいるものの、鹿島六頭、行方四頭、吉田三頭（『常陸大掾伝記』）などといわれたように、いくつかの有力な支族を内部から分出し、その相互の間には行方一族の手賀氏と玉造氏のように、しばしば激しい対立がおこった。永仁五年（一二九七）、手賀氏の「ちやうあ」から庶子「とらなうらい」（政行か）に鳥名木村が譲られたが、これは玉造氏に対する北方のおさえの役割を期待された譲与だったのである（「鳥名木文書」『茨城県史料 中世編Ⅰ』）。

また、鹿島氏からは烟田など徳宿郷の四か村を譲られた烟田氏が分出するが、幹泰（綱幹）が嫡子義幹に譲ったこの所領について、幹泰の後家尼とその子徳宿家幹が未処分としてその配分を申し入れ、義幹が嘉元元年（一三〇三）に景幹に譲ったときも、知幹が義幹の長男と称して訴訟をおこすなど、こうした支族の内部にも惣領と庶子の対立がおこっている（「烟田文書」）。このうち前者の相論は、弘安元年（一二七八）の関東下知状で「向後と雖も嫡男一向相伝知行すべし」という幹泰に与えられた譲状の文言が認められ、後者の場合は、延慶三年（一三一〇）の下知状が「嫡子と号するは父祖取り立ての家督なり、生得の長男によるべからず」とした原則によって、いずれも惣領の勝訴が認められている。神領である鹿島社領において「末子・女子・後家・異姓他人」への譲与が禁止されたほどの厳しさはないとしても、所領のすべてを嫡男＝惣領の手に掌握し、庶子や女子に譲った場合も一期分として惣領に集中、男系の原理に立って所領の分散を防ごうとする志向は、鎌倉後期の常陸の各地に広く現われていた。

とはいえ庶子はもとより、後家や他氏に嫁した女子の夫や父から譲られた所領に対する権利も、なおその力を全く失ったわけではなかった。さきの烟田幹泰の後家尼の訴訟もそこに根があったのであり、真壁郡長岡郷について、長岡政光（道法）の長男幹政の死後、その後家尼本照が亡夫の遺領に対する権利を主張、政光の譲状を楯にとったその後家尼妙心と次男宣政を訴えたのも同様で、元弘元年（一三三一）に始まったこの訴訟は結局、南北朝期までもつれこんだのである（「真壁長岡文書」）。

この場合、本照は小栗重家の娘で、小栗円重の妻の妹に当り、その背後に小栗氏の存在があったことは間違いない。姻戚関係がここでは真壁長岡氏にとって不利な結果を生んでいるが、こうした女子の権利の力がある限り、諸氏にとって姻戚関係は、男系相続の原理が確立する室町期以後に比べて、はるかに実質的な意味を持っていた。おそくとも南北朝前期までに成立した「大中臣氏略系図」が、西国の同時期の系図ほどではないにしても、女子の夫、男子の母を詳しく記しているのはそこに理由がある。

それによって見ると、那珂氏は二階堂氏、伊賀氏、大田氏、矢野氏など幕府中枢にもかかわる人をはじめ、宍戸氏、行方氏、東条氏、吉田氏などの常陸の人々、それに三浦氏、飯高氏、春日部氏、多賀谷氏、岩峰氏など常陸近隣の諸氏と女系を通じての関係を結んでおり、真壁氏も小栗氏のほかに小山氏、那須氏など下野の人々と姻戚関係があった。常陸の諸氏相互、さらに近隣の東国諸国の人々との間には、このような網の目のような姻戚関係が拡がっていたのである。それはときに縁座による所領没収を招くこともあったが、戦時平時をとわず、諸氏にとって非常に有効なきずなであった。

こうした姻戚を含む一族の関係は所領の沽却の場合にも意味を持っていたと思われる。所領の規模が小さくなるにともない、常陸においても前述したように所領の一部を質入、沽却する事例が数を増してくる。さきの長岡政光の場合、田一町・在家一宇をそれぞれ徳治元年（一三〇六）、吉田頼幹に、正和元年（一三一二）、土師泰胤（道禅）に、正中二年（一三二五）、平氏女に売り、これらの人々は翌年、安堵の下知状を得ている。また政光の子宣政も元弘元年（一三三一）、弟了珍に田一町・在家一宇を六十貫文で沽却、さらに平氏女の譲与の形で鹿島大禰宜実則の女子法性、沼尾弥次郎幹重女子上日にも田・在家を渡したが、これらの人々が常陸平氏ないし常陸にかかわりのある人々であったことに注目する必要があろう（「真壁長岡文書」）。

また行方十郎房静寛は文応元年（一二六〇）までに行方郡小幡郷内雨見をはじめ、上総国佐是郡矢田郷、下総国印東荘内貝塚堀内を女系を通じて伝領し、さらに常陸の国府、行方郡若海、鹿島郡立原に所領を買い取っているが、この買い取りにも一族の関係が作用しているものと思われる。しかしこうした所領の移動の結果、静寛のように各地に多くの所領を集めた人のいる反面、長岡氏の場合、仁治三年（一二四二）、政光の祖父国長（実幹）が真壁氏本宗から譲られた長岡郷を安堵されて以後、頼幹、政光の二代にわたる沽却の結果、幹政の遺領として残されたのは、わずかに堀内と田三町・在家三宇、山野半分のみである。

このような状況になりながらも、長岡氏は常陸を離れようとしなかったが、本領を没収され、出雲にその本拠を早い時期に移した中郡氏のような場合をはじめ、惣領の押える常陸の地を去って西国に移住する庶子たちも、鎌倉後期になると増えはじめる。

本領下妻荘を大仏氏に奪われた下妻氏の一流は安芸国の所領に移住、正和三年（一三一四）安芸国新勅旨田に関する六波羅御教書を施行する両使の一人に、下妻孫三郎としてその姿を現わしている（『教王護国寺文書』巻二）。また真壁行幹の女子は備中に住み成合兼信の妻となり、行幹の子幹重の二人の女子も備中で頓宮氏、田中氏の妻となった（『真壁町史料　中世編Ⅰ』）。『太平記』巻八に、京都に攻入った千種忠顕の指揮する後醍醐天皇方の軍勢を六波羅が迎え討った際、丹波国御池の衆徒を取り籠めて打取った六波羅方の庄三郎、真壁四郎が見られるが、これが備中に移住した真壁氏であったことは間違いない。常陸の真壁氏は北条氏の圧迫をうけていたが、この人々は逆に北条氏との結びつきを強め、備中に移ったのである。

中郡氏の同族、大中臣姓那珂氏も、時久の子で時連の養子となった経政の子息五郎三郎経久が丹波国金山に移ったのをはじめ、経政が小早川茂平の女子との間にもうけた四郎経継、六郎茂久が沼田荘内の新羅郷、藤井に移住、その姉は小早川茂遠の妻となり、七郎政久は河内国国分寺地頭となっていった。同じく実久の子為久の孫に当る景実は志摩国和具荘の地頭となり、その孫康実は南北朝初期、志摩に姿を見せる。

真壁氏の女性たちは備中の人と積極的に結婚しているが、那珂氏の場合、移住後もすぐには西国の人とは婚姻関係を結ばず、むしろ西国にすでに移った東国出身の地頭と結婚している事例が多い。一概にいうことはできないが、若狭国の東国出身の地頭が現地の人とほとんど結ばれていない点を参照すれば、少なくとも鎌倉期までは那珂氏のような傾向が強かったものと思われる。

実際、西国に移ったのちも、これらの人々は常陸の惣領、一族とのきずなを直ちに切ろうとはしなかった。金山郷地頭として丹波に移住するさい、経久とその子息たちの求めに応じて那珂氏の惣領宗久によって作成されたと推定される「大中臣氏略系図」は、そのことをさまざまと物語っている。栄光に満ちた大中臣氏―中郡氏・那珂氏、越後の人々の歩んだ歴史を系図の形で記し、自らの子孫たちを書き入れるための余白まで残したこの一巻を携えて、経久たちは丹波に下った。いまもこの系図は「一文字二二共絵文」の幡とともに、長い年月にたえて、金山氏の子孫福知山市瘤木の桐村家に保存されている。

交通・流通の発達と社会の動向

西国に移った人はこうした庶子たちだけではなかった。時家流の小田知宗は六波羅引付頭人となり、その子時知、貞知も並んで頭人となって京都で活動した。時知の「宿所」が京にあったことは『花園天皇日記』元弘元年（一三三一）十月十四条によって明らかで（佐藤進一『鎌倉幕府訴訟制度の研究』）、これらの人々は京に屋地を与えられていた。

また文保元年（一三一七）十月の村田安房新左衛門尉秀信代法橋竜海陳状（「東寺百合文書」レ函・網野善彦「勧進法師と甲乙人」『年報中世史研究』五号）は、高辻東洞院西頬の地を「武家没収地」として相伝してきたことを主張し、院北面の河内守康重の子康景に代る阿波国御家人金丸盛覚の造沙汰を訴えている。この訴訟は長びき、康重の近親河内知家の後家道禅と村田秀信その人と見られる沙弥浄阿との間で争われ（「東寺百合文書」ゑ函）、元亨四年（一三二四）三月四日付の検非違使庁諸官評定文（「東寺百合文書」こ函）によって浄阿は敗訴するが、それは浄阿が証拠文書を常陸に置いてあると称して提出しなかったためであった。これによって秀信が村田荘を支配する村田氏の一族であったことは明らかであり、このように京の「武家没収地」を与えられた常陸の人は秀信のみにとどまらなかったであろう。

こうした西国との交流の前提に、交通の著しい発達のあったことはいうまでもない。物資の流通もそれに伴い、当然活発化しており、東国にはこのころ尾張の瀬戸で焼かれた陶器が大量に流入、現在、石岡市、筑波町、協和町、常陸太田市、結城市等から瀬戸の灰釉四耳壺、瓶子等が出土している。瀬戸は北条氏と密接な関係にあり、北条氏所領の多い常陸にも、その線から入った可能性がある。常陸には中国陶磁の出土が少ないといわれているが、当時の鎌倉には北条氏等の用いる最高級の青磁をはじめ、庶民の雑器といわれるほど大量な青磁が輸入されており、北条氏の影響の強い常陸にもそれが持ち込まれなかったとは決していい切れないのである。

それはともかく、宋銭の流入は常陸においても顕著であり、水戸市田谷町から出土した宋銭六千百四十四枚、常陸太田市の正宗寺の宋元銭・朝鮮銭二百三十四貫八百三十六文をはじめ（『水戸市史』上巻）、那珂湊市、勝田市、高萩市、茨城町、鹿島町、神栖町、新治村、出島村、三和町、猿島町等から宋銭が出土している。こうした宋銭の活発な流通を背景に、荘園・公領の年貢・公事は完全に銭納化され、所領の売買も銭で行われている。

六斎市の立った府中だけでなく（佐々木銀弥「中世常陸の国府六斎市とその商業」『茨城県史研究』一八号）、前述した鹿島社の大船津や延方、潮来、下総の神崎をはじめとする津々の中には、都市的な性格を見せはじめる津も現われてくる。後年、霞ケ浦・北浦の津々の津頭となった津は、就中、重要な役割を果したのではなかろうか。その一つ、信太荘の浦渡宿―古渡《ふっと》津《つ》（江戸崎町）には南北朝初期までに権現堂、阿弥陀堂、毘沙門堂、「無縁談所」、北野天満宮等の小堂、小祠が建てられ、遍歴する「能化」の僧も現われ、かなりの宿在家も見られるようになった。行方郡の玉造浜も江戸時代前期、古い起源を持つといわれる市の立ったことを確認しうるが、注目すべきは玉造郷の田地三町を建武二年（一三三五）に土岐頼貞が円覚寺に寄進している事実で、頼貞がこの郷を建武政府によって与えられたのだとすれば、鎌倉末期、玉造はすでに行方氏―玉造氏の手中になかったことになり、さらに推測を加えればここも北条氏所領であったとも考えられる。とすると同じく行方郡蔵成名の内にあり、戦国末期、多くの船が出入したといわれる白浜をふくめ、後年の津頭の津はすべて北条氏の支配下にあったと見ることも可能になってくるのである。

一方、大船津や延方をはじめ、行方郡古高村（ふなかたの津か）の名物簓舞の獅子の作者として（高塚菰村『潮来と鹿嶋香取』）、津々に豊かな伝承を残す忍性が、瓦を焼く窯工を組織していたとみられることに注目しておかなくてはならない。三村山清冷院極楽寺、筑波前峯廃寺、小栗寺山、川澄くまんどう等の遺跡、下野益子の地蔵院、足利智光寺跡から発掘される瓦は、三村山瓦窯で焼かれたもの、あるいはそれと深くかかわる瓦であり、それは極楽寺を造営した忍性の活動によるものと推定される（高井悌三郎「常陸・下野の中世瓦瞥見」『茨城県史研究』四三号）。

さらに忍性は前掲の結界石をはじめ、正応二年（一二八九）十一月十日の造立紀年銘を持つ湯地蔵石仏龕《がん》などの石造物を作る石工とも確実に関係があり、正応五年、下野国日光二荒山新宮の銅燈籠の作者も三村六郎守季であった。このように忍性や小田氏の本拠三村、小田周辺では職人の活動が顕著であった。

もちろん鋳物師は三村だけでなく、宍戸鳴井の鋳物師沙弥善性は延慶二年（一三〇九）久慈西郡戸崎村の蓮光寺、正和五年（一三一六）には鹿島郡の安福禅寺の梵鐘を鋳造し、さらに下総に入って応長元年（一三一一）、僧良円を願主として印東荘八代郷船方の薬師寺の鐘を鋳た。また他国の鋳物師も常陸で活動しており、正嘉元年（一二五七）、多珂郡安良川八幡宮の鐘は丹治国光、建治元年（一二七五）、信太荘宍塚の般若寺の鐘は丹治久友・千門重延によって鋳造された。丹治氏は河内の鋳物師であり、とくに久友は鎌倉の新大仏鋳物師として知られた人であった。さらに下野天命の鋳物師甲斐権守卜部助光も潮来長勝寺の鐘を鋳造している（坪井良平『日本の梵鐘』・『日本古鐘銘集成』）。

このほかの職人として、国衙から絵師名を与えられた絵師、建長七年（一二五五）に現われる鹿島社大宮司に統轄される檜物師などが見られるが、西国のように神人・寄人となり、集団をなして活動する商工民・芸能民は見出せない。

一方、安貞二年（一二二八）の酒戸・吉沼郷の検注帳に姿をみせる四郎細工、二郎細工、貞和元年（興国六、一三四五）の恒富大葉郷の神田を耕作する平内三郎弓細工、森戸村に見られる「こうかき」などが、実際に細工・紺搔であったとすれば、これは「平民百姓」として手工業に従事した人々ということになる。

鎌倉後期から南北朝期にかけての検注帳にはこうした人々を含め、在家一宇・田一町前後を基準的な単位とする「平民百姓」たちを多数見出すことができる。恒富の村々のうち、公田二町九反大の森戸村は反別四百文の田一町、反別一貫文の佃二反を均等に請け負う五人を中心に、反別五百文の二町を三人が請け負い、合せて田地は八町となっている。同じく公田四町四段の入野村は十三人の百姓が十三町二反半の田地をほぼ均等に、公田四町の六段田村も十二町七反半の田地を十一人がやはりおおよそ均等に請負っている。さきの大葉郷の場合も公田十四町七反小のほかに、二十一町八反の新田が開かれており、公家・武家の「御公事勤仕の公田」をはるかに上まわる新田が開発され、その全体を主だった「平民百姓」が均等に請け負う形が常陸にも現われつつあった。

正和元年（一三一二）、公田とは別に開発した荒野を大井戸村、泉村と称し、預所の力を借りつつも地頭の支配をさえぎった真壁郡竹来郷の「平民百姓」、建治三年（一二七七）、大窪郷を大禰宜実則から奪った名主妙心、蓮光寺の鋳鐘の願主となった十八日講衆＝一結講衆のような動きは、こうした動向を背景にしていたものと思われる。

奥州に向う一遍たちの見た荒涼たる風景を一方に残しつつも、常陸・北下総の社会は、津泊において、荘園・公領において、確実に大きな変化を遂げつつあったのである。

六　北条氏の滅亡

常陸守護北条時綱

正応三年（一二九〇）、真壁浄敬と並んで、大窪郷を大禰宜実則に打渡す定使となった那珂氏の惣領中三郎左衛門尉宗久は、幕府の重臣大田康連の女子を母とし、宍戸壱岐又太郎入道（知宗）の女子を妻に迎え、その従父弟小三郎も知宗の聟となり、宍戸氏と密着しつつ「常陸国相守護」と自称している（「大中臣氏略系図」）。この職名の実態は不明であるが、正和四年（一三一五）、常陸守護は間違いなく知宗の従父弟宍戸壱岐前司時家であり（佐藤進一『増訂鎌倉幕府守護制度の研究』）、この自称はその辺に根拠を持っていたのであろう。

いったん、小田氏本宗に戻った守護職は、こうして正安三年（一三〇一）からこの年までの間に再び宍戸氏の手に帰したのである。宗知の死後、その子息貞宗と知貞とが対立したことが（「常陸誌料」小田家譜）、この交替を呼んだのであろうが、それはさらに、小田氏が長年相伝した守護の地位をついに北条氏一門に奪われるという重大な結果を招くこととなった。

文保元年（一三一七）秋以前、伊佐郡を所領として持つ佐介越前前司時綱は常陸守護に就任、行方郡小幡郷を守護領とするにいたった。すでに常陸国内の所領の規模において、完全に北条氏に圧せられていた当時の小田氏、宍戸氏の実態をみれば、これは当然の成行であった。そして時綱の指揮下で、正中二年（一三二五）、鹿島社造営奉行人となった小田貞宗は、もはや得宗御内人と肩を並べる存在でしかなかったのである。面には出さなかったとしても、貞宗、その子高知の胸の内に、北条氏に対する深い恨みが次第に育っていったのは当然のことであろう。そしてそれは北条氏によって同様に所領を奪われた下妻氏、関氏、伊佐氏、真壁氏本宗の人々にも共通した感情であったに相違ない。これらの人々がやがて南朝方に立つ伏線は、すでにここにしかれていた。

北条氏はこのころもなお所領を拡大しており、陸奥国に属した依上保もその所領となったと推定されており（『茨城県の地名』）、もしも前述した行方郡玉造郷もそれに加えることができるならば、北条氏の所領は陸奥・常陸・北下総にわたって、量質ともに他を完全に圧倒するにいたった。正中二年（一三二五）、真壁氏の女性が建長寺正続院に椎尾郷宮山村田地一町七反、屋敷二か所を寄進したのも（『円覚寺文書』）、北条氏に密着した寺院への所領寄進として、この大勢に順応した動きといってよかろう。

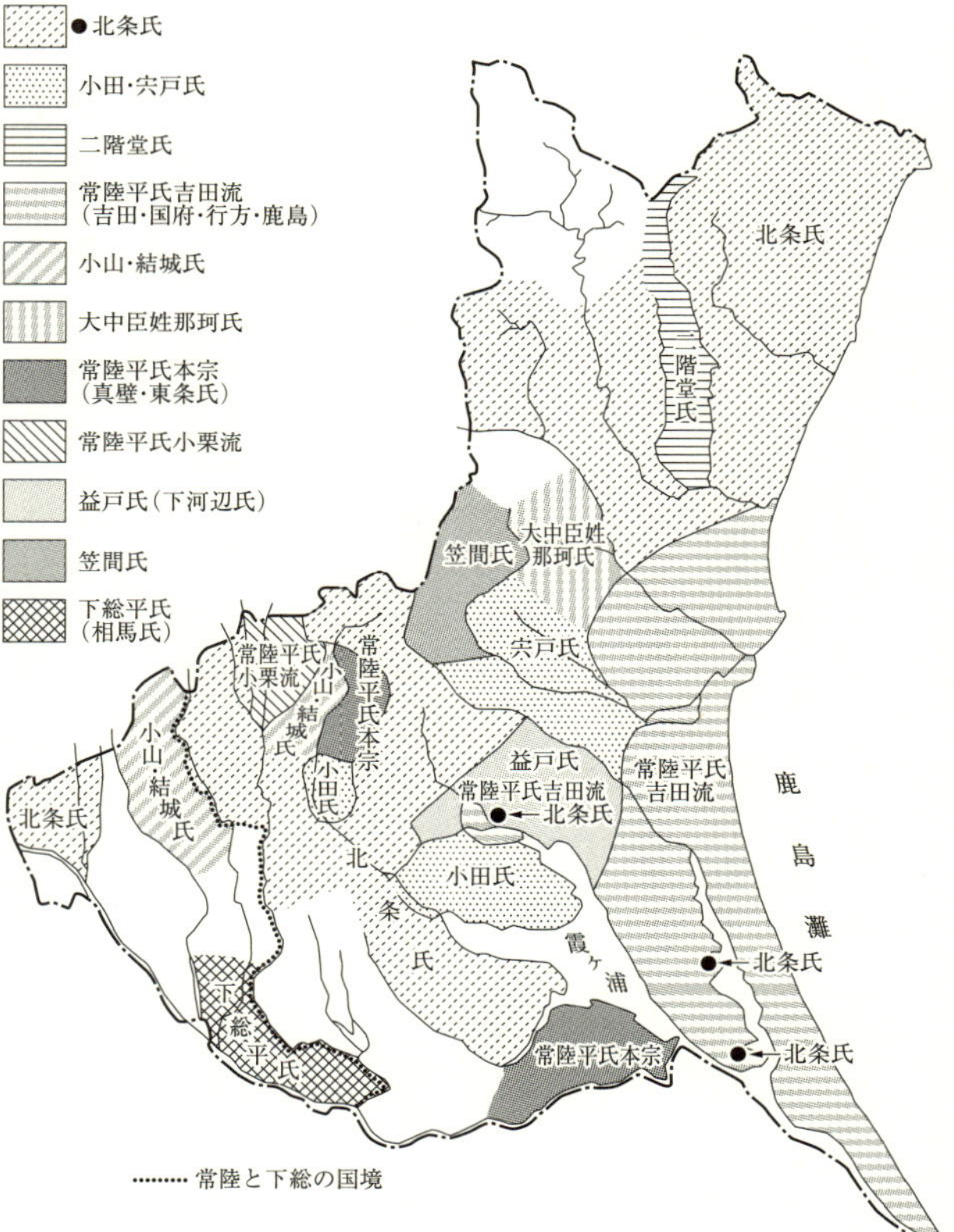

●図20　鎌倉末期の諸勢力の分布

これに対し常陸の名族佐竹氏は、ここにいたるまで雌伏をつづけつつ、再び飛躍するための足場を着実に固めていた。正和三年（一三一四）、伊勢国守護領庄田方地頭代と同国殿村住人西蓮等との相論に当って、使者に立った人の中に佐竹四郎五郎入道義念が見られるように（「金沢文庫文書」）、その一流は美濃から伊勢にまで所領を拡げ、西国でもその基盤を強めていたが、常陸でも同様であった。

前述したように建治元年（一二七五）、佐竹義国が安良川八幡宮を造営し、行義の子貞義も十九歳のとき（正安三年か）、多珂荘竜孤山に長松山興禅寺を建てて無依和尚を開山としたといわれるように、佐竹氏は鎌倉後期、北条氏の支配下にあった多珂郡に若干の所領を保持していた。行義はまた弘安年中、那珂西郡阿波郷の「六百貫の地」を寄進し、勝楽寺の傍に南明山正法院を建立したと伝えられており、那珂氏のおさえるこの郡にも所領を持っていたものと思われる。

さらにその本拠太田郷増井の勝楽寺が所在する佐都西郡では、惣地頭二階堂行義の女子を佐竹二郎入道義胤の妻に迎え、義胤の子行義も二階堂頼綱の女子を妻とするなど、婚姻関係を通じて二階堂氏と密接に結びつき、二階堂氏も建治年中、金砂神社の別当職を勝楽寺に寄付し、同社をこの寺の鎮守として勧請するなど佐竹氏の接近に応えている。

鎌倉中期、将軍の供奉人の中に姿を見せた佐竹氏の人々はこうした所領を基盤としていたのであろうが、次第に強まる北条氏の常陸支配の下で、それとの衝突を回避しつつ、佐竹氏本宗はこの基盤を勝楽寺を中心にさらに固めていった。義胤の弟伊豆王丸が勝楽寺に八田の熊野堂を寄進したのをはじめ、正法院、さらに興禅寺の建立を通して禅宗との接近をはかり、正法院に後伏見天皇の「勅額」を与えられるなど、その地歩を拡げた貞義は、その子の一人を京に上らせて夢窓疎石の弟子とした。この人が月山周枢で、月山はやがて夢窓を正法院の開山にするとともに、自らも寺中に正宗庵を営み、夢窓のあとをうけついで第二世となったのである。現在の正宗寺の直接の起源はここにあるが、佐竹氏はこの夢窓との関係を通じて、足利尊氏・直義と結びつく一つの契機をつかんだものと思われる。

このように鎌倉末期、佐竹氏は奥郡に再び根を張り、時代の転換を待っていたのである。

北海道・東北北部の激動と北条氏の滅亡

正和五年（一三一六）の春、京にいた六波羅引付頭人小田時知は姻族中沢直基、烏帽子津戸兵部丞等をつれて「関東に発向」する（「近衛家文書」）。この「発向」がなにによるのか、全くわからない。

しかしその翌々年の文保二年五月二十一日、得宗北条高時は称名寺長老剣阿に宛てた書状で「当寺祈禱の事、蝦夷すでに静謐の間、法験の至、殊に感悦候」と書いた（『金沢文庫文書』）。これよりさき、称名寺では「蝦夷降伏」の祈禱が行われていたのであり、すでに鎌倉中期から萌していた東北北部から北海道にかけての社会の動揺はここに新たな局面を迎えつつあった。まもなく「鎌倉年代記」も、元応二年（一三二〇）から「蝦夷」の蜂起がはじまり、元亨二年（一三二二）には「出羽の蝦夷」が蜂起して度々合戦におよんだと記す。

当時「蝦夷ガ千島」とよばれていた北海道には「日ノモト《（本）》・唐子・渡党」と呼ばれる人々がおり、前二者は農耕を知らず、狩猟・漁撈に従事し、言語も異なるのに対し、マトウマイ（松前）、ウソリケシ（函館の古名）などにいる渡党は津軽外ケ浜との間を往来、交易し、東北の「和国ノ人」とも似て、言語も通ずる、と『諏訪大明神絵詞』はのべている。これに対し、東北を征服した鎌倉幕府は、安倍氏の流れをくむ安藤氏を「蝦夷代官」（蝦夷管領）に任じて、その「酋長」としたといわれるが、常陸の場合と似て、東北の人々は征服者として入部した関東の有力御家人の支配に反発しつつ、むしろ北条氏と結びつき、とくに秋田城介安達氏の滅亡後、奥羽は北条氏の圧倒的な支配下に置かれていた。津軽鼻和郡、糠部郡、中浜、外浜の郡地頭職も得宗領となっており、安藤氏はその代官として「えぞのさた」を行ったと見られている（遠藤巌「中世国家の東夷成敗権について」『松前藩と松前』九号）。

しかし、東北北部にまでおよぶ擦文文化の段階にあった北海道の社会は、この南方からの圧力と、十三世紀後半、四回におよんだモンゴルのサハリン（樺太）侵入の波動によって、新たに動きはじめていた。すでに文永五年（一二六八）、「俘囚」「夷敵」の蜂起がおこり、安藤五郎が殺害されたと日蓮はその書状に記している（大石直正「外が浜・夷島考」『関晃先生還暦記念日本古代史研究』）。十四世紀前半の動揺はもとよりその延長上におこったので「山賊」「悪党」などともいわれた擦文文化の流れをくむ人々が、津軽から出羽にまでおよぶ地域で蜂起したのである。

それは安藤氏の惣領・庶子間の争いともからんでおり、従兄弟である又太郎季長と五郎三郎宗季（季久ともいう）は、それぞれこれらの人々をまきこんで合戦、激突した。蜂起はおさまらず、正中元年（一三二四）五月十九日、得宗高時第で鶴岡八幡宮の社務・供僧たちによって十七日間にわたる「蝦夷降伏」の祈禱が行われるが、その四か月後、後醍醐天皇の陰謀が京都で発覚する。これを処理しつつ北方の問題の解決を急ぐ幕府は、翌正中二年（一三二五）にも鶴岡八幡宮の社頭で閏正月十二日から「蝦夷降伏御祈」を行わせる一方で（「鶴岡社務記録」）、「蝦夷蜂起」の責任を問い、代官季長を解任、宗季を「蝦夷代官」に補任した。

ここにいたるまで内管領長崎高資は両者から賄賂を取り、いたずらに事を遷延させ、大きくしたと『保暦間記』は伝えている。

しかし、季長はこの処置に従わず、嘉暦元年（一三二六）三月、得宗被官工藤祐貞は「蝦夷征罰」のために進発、季長を捕えて七月に帰ったが、その郎従季兼は「数千ノ夷賊」を集め、城郭を構え、蜂起してやまなかった。

ここで幕府は小田高知・宇都宮高貞を「蝦夷追討使」とし、翌年、東北に発向させる。六月十四日、小田貞宗に充てた関東御教書は「悪党誅伐」のため一族を集めて津軽の戦場に子息高知を遣わすことを命じている（有造館本「結城文書」）。常陸はたしかに古代以来、東北との戦争の最前線であり、小田氏の起用もその伝統に従ったのであろう。しかし守護職を奪われた小田氏に常陸の人々を動員する権限はなく、高知は一族・家人のみを率いて東北に向う。宇都宮氏も同様であった。

戦いは激しく、高貞に従った紀清両党の益子左衛門尉、芳賀弾正左衛門尉以下、多くの人々が戦死しており（「甲斐結城文書」）、常陸の人々の中にも犠牲者は出たであろう。嘉暦三年（一三二八）に入ってようやく和談の議がまとまり、高知・高貞は十月に帰参する。安藤氏はこれ以後、日本海の交易等を通じてこの地域の覇者への道を歩むが、小田氏にとってこの戦争は犠牲者を出しただけでなにものも得るところはなかったのである。

そしてその三年後、元弘元年（一三三一）、後醍醐天皇が挙兵、小田時知・貞知兄弟は六波羅の指揮下で山門勢と戦ったが、高知もまた再び一族を率い、大仏貞直、金沢貞冬、足利高氏等を大将軍とする東国軍に加わり、笠置に向ったのである。後醍醐天皇は捕えられて隠岐に流されるが、翌年に入るとその子護良親王や楠木正成の動きをはじめ、諸国は騒然としてくる。その中で元弘三年（一三三三）、後醍醐天皇は隠岐脱出に成功、船上山にあって千種忠顕・赤松円心などによる京都攻撃を開始した。このときの戦いで真壁四郎が備中国住人として、六波羅勢の中にあって奮戦したことはすでにふれた。

これまで六波羅の動員する在京人・大番衆などに戦闘をゆだねていた幕府は、ここで再び大軍を上京させる。名越高家・足利高氏を大将軍とするこの東国勢の中には、小田高知も三度、一族を率いて加わっていた。しかし篠村八幡宮で後醍醐天皇方に立つ旗幟を鮮明にした高氏は軍を返して六波羅を攻めた。激戦の末、ついに敗北した探題仲時・時益は敗軍をまとめ後伏見上皇、花園上皇、光厳天皇等を擁して東国に向う途中、五辻宮などの率いる野伏・山立に囲まれ、五月七日、全員討死・自害した。ほとんど北条氏の被官で占められているこのときの死者を記した「近江国番場宿蓮華寺過去帳」の中に、石川九郎道幹、子息弥次郎通近、真壁三郎秀忠など、常陸出身者の名が見える。また「真壁氏略系図」(『真壁町史料 中世編Ⅰ』)に五月六日討死と見える親幹とその子義幹・楯幹・忠宗、五月七日自害とある親幹の兄智幹とその子満幹・幸幹等が、このとき北条氏と運命をともにしたことは間違いない。真壁氏の庶流はとくに北条氏に忠実であった。

しかし、常陸に対する支配を通じて、北条氏が味方とした人々はこの程度にとどまった。小田高知をはじめ時知・貞知、二階堂氏、伊賀氏などはすぐに転身、後醍醐天皇方に立ち、高知はとくにかなりの功をあげ、北条氏の抑圧に復讐した。そのころには、鎌倉の攻撃を命じた後醍醐天皇の綸旨が結城宗広(「結城文書」)をはじめ、続々と東国の御家人の許に届いていた。長年にわたって北条氏に痛めつけられた常陸・北下総の人々は『太平記』が「期セザルニ集リ、催セザルニ馳セ来ル」といったように、上野、下野、上総、武蔵の人々とともに、鎌倉を目指す新田義貞の軍勢に加わった。鹿島氏の一族塙政茂、徳宿幹宗、宍戸知時等は五月十六日の入間川の合戦に加わり、十九日、極楽寺坂で戦い、鎌倉に攻め入った(「塙又三郎氏旧蔵文書」『茨城県史料 中世編Ⅰ』)。同じ日、税所久幹・幹国は常陸に流されていた万里小路藤房の在所に馳せ参じたという(「税所文書」『茨城県史料 中世編Ⅰ』)。

そして二十二日、鎌倉は炎上、高時をはじめとする北条氏一門は滅び去った。金沢氏代々の被官倉栖氏すら主家と運命を共にしていない。まして常陸の人々で鎌倉の北条氏に殉じた人はほとんどいなかったであろう。

長い間、常陸・北下総の空にわだかまっていた暗雲は、一挙に消え去った。新たな時代がここに始まるかに見え、常陸の人々も続々と変貌した鎌倉に馳せ参じていた。しかしそれは長期にわたる内乱の開始前の、一瞬の晴間でしかなかったのである。

解説——網野善彦氏の仕事と常陸・北下総

堤　禎子

本書は、一九八六年に刊行された『茨城県史　中世編』（通史）の網野氏の執筆部分を一書に纏めたものである。

その内容は、平安後期（一二世紀）から鎌倉時代の全期に及び、その当時の常陸・北下総の政治・社会を記述している。

網野氏は、日ごろ「歴史を叙述するに当たっては、歴史が展開するその場、土地の性格というものをより重視する必要がある」と主張、「歴史展開の舞台、その土地の性格を端的に象徴するには、「海・山・里」といった表現を使うことも出来るのではないか」という提案をされていた。

一般に、人々がある言葉から受けるイメージは多種多様である。だが、「海」あるいは「山」という言葉の持つイメージは、総体的に共通のものを人々に与えると思われる。では、

「里」はどうか。多分、この言葉は、人々に多様なイメージを与えるのではないだろうか「山里は冬ぞ寂しくなりにけり……」、「里内裏」、「里かよい」……。

本書のタイトル『里の国の中世』は、先に刊行された、『海の国の中世』、その舞台は、若狭の海浜の地である小浜とそこを生活の場とした人々（その多くは著者によって「海民」と位置付けられた人々であるが）の歴史と対照的な土地と人々の歩みを象徴する意味で、付せられたものである。

周知のように、網野氏は、一九五〇年から、日本常民文化研究所の所員として、漁村史関係の古文書調査に従事する。これは、同氏の大学時代の師である宝月圭吾氏の紹介によるものであった。宝月氏が、同所の事業の主たる推進役であった宇野脩平氏へ推薦され、網野氏の就職が決まったものと聞き及んでいる。

以来網野氏は、若狭・能登などと共に、霞ヶ浦・北浦周辺を主な地域とする常陸・北下総の漁村史料の調査収集に当たる。後に、氏が茨城県史編纂事業に参加し、ひいては本書が執筆される種はこの時に播かれていたわけである。

茨城県史の編纂事業の出発は、一九六四年。行政当局による都道府県段階の編纂事業としては遅い出発であった。しかし「全国的な視野に立って、後世の批判に耐えうる客観的な叙述を心がけ、なおかつ、地域の特色に根ざしたものを作ろう。ひいては、編纂事業を通して、この地域の歴史・文化を再認識し、将来に繋げる」というビジョンを掲げた一種の文化運動的側面を有してもいたのである。

常民文化研究所勤務が、網野氏が民俗分野へ強い関心を持つ契機となり、それが、後年同氏の日本史研究上、海・川・湖の重要性に注目し、従来の農業中心の日本史研究と一線を画する史観を生んだことはよく知られている。

それと同時に、氏がこの仕事を通じ、茨城県域、特に霞ヶ浦・北浦、利根川流域等の水辺の地域とそこを生活の場としていた人々への、生涯変わらぬ関心を持続するようになったのも事実である。

残念なことに、一九五五年、常民文化研究所の事業は中断し、各地から集められていた膨大な漁村史料の大部分は未整理に近い状態で、旧所蔵者のもとへ帰る日を待つことになる。そして十余年が過ぎた。

奇縁というべきであろうか。網野氏の常民文化研究所勤務時代の上司であった宇野脩平氏は、茨城県史編纂事業の発足時点で、この事業推進の一翼を担われ、近世史部会の中心メンバーとなっていた。網野氏の同県史編纂事業への参加は、宇野氏の推薦によるもので、当初網野氏は、県史編纂近世史部会の委員だったのである。

その後、一九六六年には県史中世史部会が発足。網野氏の恩師宝月圭吾氏がこの部会の幹事に就任された。これまた因縁浅からぬと言うべきであろう。中世史部会の発足に伴い、網野氏は、近世史部会から中世史部会の委員へと移り、茨城県域においても氏の本来の研究分野である中世史の古文書調査と研究に励まれることになる。

中世史部会のメンバーは、宝月氏を始め、東大史料編纂所の菊地勇次郎、新田英治両氏、網野氏の大学時代の同級生で、当時茨城大学に勤務されていた佐々木銀弥氏等々であった。こうして、茨城県史編纂中世史部会の活動は軌道に乗り、県内外各地への中世史料調査が進められることとなる。

実は、本解説の執筆者は、二十年にわたり、茨城県史編纂事業の中世史部会の世話役として、網野氏および委員の各氏と接する機会を得た者である。

中世古文書採訪のための現地の調査や中世史料集編纂のための度々の会議などの際には、委員相互の間で、活発で忌憚の無い意見の交換が行われた。その場は極めて和やかな雰囲気に終始したが、メンバーそれぞれの意見は学問上高度な水準を維持するものであった。こうした機会を多く持ったことは、網野氏の史観の啓発・発展には、大変有効であったと思われる。

特に調査のための数日にわたる出張の際には、現地の宿舎で、その日の調査の報告に始まる活発な話し合いが繰り広げられた。それは時には深更にまで及んだ。

このような会議の場や調査地の夜の委員諸氏の活発な意見の交換の情景は、今も筆者の脳裏に強い印象を残している。筆者は、「学問上優れた成果を得るのには、雑談の場を持つことが大変重要である」という、英文学の福原麟太郎氏の言をこうした機会を通じて幾度も実感したものであった。

現地調査の折りなど、一同の話題は、そのかみの網野氏の漁村調査のことに及ぶことが多く、そのような時、氏は、自身と常陸・北下総の地の浅からぬ因縁を語るのが常であった。そして必ずその話題は、県内の所蔵者から借用し、未返還となっている古文書のことに及んだ。その生涯の長年月にわたり、このことの処理は、網野氏にとっての大きな課題だったのであろう。

一九七八年、氏は、神奈川大学にその勤務先を変え、常民文化研究所の再建、同所の借用史料整理と返還に着手。それは折りしも、茨城県史の通史中世編の執筆の時期とも重なった。

整理の完了した漁村史料返却と茨城県史通史執筆のための調査（古文書採訪というより、日ごろの網野氏の主張、「歴史が展開する場、土地の性格を知る」ために、現地を見るということが重点）を兼ねての現地再訪の際には、本解説の筆者は、運転手役をも兼ねて幾度も網野氏と行動を共にした。氏は、文字通り筆者の車に便乗、現地へ赴いたこと、度々だったのである。

こうした、調査行には、時には、他の委員諸氏も参加された。鹿島や潮来の古社寺、信太荘、中郡荘、小栗御厨等々。

この頃のことでは、網野氏の格別思い入れの強い、霞ヶ浦・北浦周辺部の調査の際の、次のようなことが筆者の脳裏に強い印象を残している。

網野氏が漁村史料採訪に日を送った第二次大戦後間もない時期は、現地には多くの自然がそのままに残っていた。その当時の風景と、高度経済成長期以後の開発の進んだ常陸・北下総の風景との相違、それが氏には、極めて衝撃的だったようである。

かつて葦蘆が茂り、水鳥の生息していた湖岸には、コンクリートの堰堤が作られ、湖水自体が巨大な水瓶となっている。湖岸の水の色も富栄養価による水質の変化で暗緑色。このような霞ヶ浦の景観は、網野氏の幾たびもの長歎息を誘った。

この地域の一連の調査行のことを、網野氏は「僕の舞踏会の手帳の旅」と繰り返し言われた。若き日の史料収集の旅、そして二十数年後の再訪の日々。往年のフランス映画の筋書きに自身の感慨を重ねての言葉である。この言葉や日頃の会話からうかがうに、氏には大いなるロマンチシストの一面があったようである。

このような感受性が、氏の数々の業績の根底にあると見るのはうがちすぎであろうか。ひいては、それが網野史学の魅力をより強いものにしていると見るのは、あながち誤りでもないように思えるのだが。

未熟で怠惰な本解説の筆者などには、本書の学問的な部分の感想などは、述べようがない。しかし、ともかく、この書にも、そして網野氏の他の労作中にも、氏自身の生涯変わることのなかった「躍動する魂」が、実に良く反映しているということに気づく。それが、氏の著作の魅力であることは確かであろう。

著者の文章表現は、しばしば「何々であった」という直截的な述べ方ではなく、「蓋然性が高い」すなわち「何々であったはず」という意味の表現になる。そう表現された部分については、一面でなお、実証的作業を要するとも考えられるのだが、それらは、氏の脳裏に浮かんだ中世の当時の状況であり、著者の表現力によって復元された歴史上の事件や人物像をより興味深い存在にしていると思われる。

本書中にも、その書かれた時代を通し、実に多くの場面や人物が登場する。それらの人々の活躍の場、多彩な人生を知ることにより、読者は、常陸・北下総の中世の人々の多様な人生、その活躍の場への生き生きとした認識を持たれるのではないだろうか。

ところで、茨城県史の通史執筆に際しては、各執筆者の間で「いわゆる無味乾燥な年代的記述ではない、郷土の史実や人物礼賛的なものでもない、各時代に生きた人々の息吹きが、読者に伝わるような通史を作ろう。切れば、そこから赤い血の流れるような生き生きとした通史を書こう」といういわば陰の了解事項が存在した。

それを体して、委員各氏は、それぞれの叙述に大いなる努力をしたのであるが、筆者の見るところ、網野氏は、そういう努力を人一倍されたと思う。そのための、氏独自のアイデアを編纂事務担当者に提示されることも度々であった。

例を挙げれば、中世の港や都市的な場の復元の努力。

中世文書の乏しい地域では、市町村に保存されている地名表、小字図の提供を受け、それをもとに現地踏査を行い、中世の在地の状況、即ち前にも記した歴史が展開する場を把握しようとする試みの実行である。

本書中には、信太荘や、小栗御厨の地名調査の成果が詳細に記述されている。これらは、ひとえにその試みの成果である。

そうした試みについて、氏自身は、それでも不十分と考え、「掘ってみれば……」と発掘調査の提案も再三された。中世の「都市的な場」即ち、中世に遡る港や、集落の中心であり、有縁・無縁の人々の集う開放された空間、たとえば社寺の境内などは、常陸・北下総では今も集落の中心部、現代に生きる人々の生活の場でもあることが多い。そのような現代でも開かれた場を、限られた期限と予算の編纂事業のなかで「掘ってみる」ことは到底叶わず。

信太荘の地名の現地調査は、確か七月の酷暑の時期であった。未熟運転の自家用車に委員諸氏を乗せての数日の調査を終えて、無事帰宅。「やれやれ」とほっとした翌日、網野氏から電話、「調査の成果を記入した地字図を、最寄りの鉄道の駅に置き忘れた。取り戻して欲しい」。

本書は、氏の執筆の努力もさることながら、こうした「縁の下の力持ち」的仕事に従事した事務当局者の努力の成果でもあることを、どうしても、ちょっと紹介しておきたいのである。

因みに、本書のもととなった網野氏の原稿執筆枚数は予定枚数を大幅に超過していた。個人的著作とは違い、行政組織の中での制限された枚数、時間、予算。渋る著者を説得し、本来の文意を損なわないように、記述のいくつかの部分を削らなくてはならないという事態も生じた。

一つのエピソードを紹介したい。県内のある古社の相論についての記述の部分。もとより在地の鎌倉期の史料による記述なのであるが、ある人物について、この相論での相手方の言い分は「物狂いで……その行状は、かくかくしかじか」。網野氏は殆ど原史料の文章そのままを引用された。ところが、我々の勤務先の同僚の一人は、その直系子孫。公的機関の刊行物として、「現存の人物に悪い影響のあるような記述は避ける」というのは自明のことである。そこで当の本人、すなわち直系子孫にその部分の校正刷りを見せ、その記述をどう考えるかを相談した。当人絶句。ややしばらくして「八百年前の先祖のこと、まあ書かれても良いのでは」。

このことを知らされた網野氏も絶句。「う〜ん」。結局氏自身が、記述を自主的に削除。一件落着した次第。

もはや、予定の解説の紙数も尽きた。本書の特色、内容、著者の史観などについてあらためて述べる余裕は無くなってしまった。賢明な読者の方々の海容を乞う次第である。

本書を繙《ひもと》いた方々が、網野氏の精彩に富む叙述を通し、中世前期の常陸・北下総の風土、そこに生きた人々の姿や特質をより深く知っていただければ何よりのことと思う。時は過ぎ、たとえ景観は変わっても、この地域の人々のうちには、今も当時の気風や気質が残っていると思うし、それは西国の風土や人々の気質とは、かなりちがうものと考えられる。

確かに、この地域は昔も今も、「坂東、東の国」なのである。「この書の中でそのことを表現したい」。それが多分著者の望みであり、おこがましくも、解説らしからぬ駄文をものしてしまった筆者の願いでもある。

本書の刊行を待たず著者網野善彦氏は、二〇〇四年二月末、永眠された。

（つつみ　ていこ／日本中世史、元茨城県史編纂室勤務）

平凡社ライブラリー　512

里《さと》の国《くに》の中世《ちゅうせい》

常陸・北下総の歴史世界

発行日…………2004年9月8日　初版第1刷
2017年12月18日　初版第3刷

著者……………網野善彦

発行者…………下中美都

発行所…………株式会社平凡社
〒101-0051 東京都千代田区神田神保町3-29
電話 東京(03)3230-6579[編集]
東京(03)3230-6573[営業]
振替 00180-0-29639

印刷・製本……中央精版印刷株式会社

装幀……………中垣信夫

ISBN978-4-582-76512-0
NDC分類番号210.4
B6変型判(16.0cm)　総ページ264

平凡社ホームページ http://www.heibonsha.co.jp/

平凡社ライブラリー　既刊より